我国公民住房权的司法保障研究

◆ 杜芳 著

世界图书出版公司
广州·上海·西安·北京

图书在版编目(CIP)数据

我国公民住房权的司法保障研究 / 杜芳著. — 广州：世界图书出版广东有限公司, 2012.12
 ISBN 978-7-5100-5590-4

Ⅰ. ①我… Ⅱ. ①杜… Ⅲ. ①住宅-社会保障-法律-研究-中国 Ⅳ. ①D922.181.4

中国版本图书馆 CIP 数据核字(2012)第 320146 号

我国公民住房权的司法保障研究

策划编辑	姜　羽
责任编辑	唐　媛
封面设计	兰文婷
出版发行	世界图书出版广东有限公司
地　　址	广州市新港西路大江冲 25 号
电　　话	020-84459702
印　　刷	湖南版艺印刷有限公司
规　　格	890mm×1240mm　1/32
印　　张	5
字　　数	120 千字
版　　次	2012 年 12 月第 1 版　2012 年 12 月第 1 次印刷
ISBN 978-7-5100-5590-4/D·0056
定　　价	32.00 元

版权所有,翻印必究

目 录

| 前　言 / 001

第1章 | **绪　论** / 001
1.1　公民住房权司法保障的研究背景 / 001
1.2　公民住房权司法保障的研究意义 / 002
1.3　公民住房权司法保障的研究现状 / 004
1.4　公民住房权司法保障研究思路与研究方法 / 007

第2章 | **公民住房权司法保障概述** / 010
2.1　公民住房权的内容 / 011
2.2　公民住房权司法保障的依据 / 022
2.3　公民住房权司法保障的历史沿革 / 029

第3章 | **公民住房权司法保障的域外考察** / 037
3.1　对积极住房权的司法保障 / 037
3.2　对消极住房权的司法保障 / 056

第4章 | **我国公民住房权受侵害的现状及司法保障的缺陷** / 074
4.1　我国公民住房权遭受侵害的现状 / 074
4.2　我国公民积极住房权司法保障的缺陷 / 083
4.3　我国公民消极住房权司法保障的缺陷 / 087

| 第5章 | **我国公民积极住房权司法保障的完善** / 097
| 5.1 启动公民积极住房权违宪审查制度 / 097
| 5.2 健全非法建筑的司法保障制度 / 104

| 第6章 | **我国公民消极住房权司法保障的完善** / 115
| 6.1 扩大消极住房权的保障范围 / 115
| 6.2 健全行政检查的司法审查机制 / 124
| 6.3 健全刑事搜查的司法审查机制 / 129
| 6.4 完善国家赔偿制度 / 135

| 结　语 / 145

| 致　谢 / 147

| 参考文献 / 148

前 言

住房是人类正常健康生活的基本要求,是立足于社会的基本前提,是确保人类尊严不可或缺的一部分。它不仅是保障人们安全和免遭外界侵扰的物质需要,同时还能实现人们关于隐私和个人空间的深层心理需要。住房权是指公民有权获得可负担得起的适宜于人类居住的,有良好物质设备和基础服务设施的,具有安全、健康、尊严,并不受歧视的住房权利。住房权是一项基本的人权,在人权的权利体系中,住房权归属于经济、社会和文化权利中的社会权利。公民住房权包括两个方面的内容:一是积极住房权。根据1966年《经济、社会和文化权利国际公约》相关规定,立足于中国国情,积极住房权的主要内容应为住房价格的可承受性、住房条件的可居性、住房机会的平等性、住房的非驱逐性、住房的融合性。二是消极住房权。其主要内容为住房安宁权、住房隐私权、住房财产权等。

公民住房权的司法保障具有法的实效的性质,是能够确保住房权顺利实施的关键、是人权保障的基本要求、是司法救济权的充分体现、是我国住房现实的需要。住房权的司法保障经历了漫长的历史发展过程,而西方发达国家建构了较为完备的住房权司法保障制度。积极住房权的司法保障包括两方面的含义:一是针对住房立法的宪法诉讼。如果立法者所制定的法律侵害了公民的积极住房权,那么,被质疑的法律就存在违宪的嫌疑,需要重构。二是积极住房权的可诉性问题。亦即普通民众能否以积极住房权受到侵害为由向法院起诉,要求判决政府为其提供最基本的住房。在积极住房权的宪法诉讼领域,司法机关一般会适用立法裁量论、合理审查基准、平等保护原则等标准来判定系争法律是否违宪。

在积极住房权的可诉性问题上,虽然大多数国家予以否认,不过随着人权保障制度的完善,国家财力的增加,越来越多的国家承认在一定情形下,积极住房权具有可诉性。在消极住房权领域,主要有事前司法审查与事后司法审查制度。事前的司法审查制度为令状主义原则,即除了同意搜查、附带搜查、紧急搜查外,西方发达国家的警察机关必须有法院签发的搜查令状方能对公民的住房进行搜查。事后的司法审查制度为非法证据排斥规则,根据此一证据规则,警察机关非法搜查和扣押所得的证据应当予以排除,不得进入法庭审判程序,从而对警察机关非法侵入公民的住房这一行为起到遏制作用。

在我国,公民住房权受保障的现状并不令人乐观。主要表现在:保障性住房不到位,住房平等权受到侵害,非法侵入现象严重,非法驱逐现象普遍。之所以会出现上述现象,原因有很多,其中司法保障的不完善与缺失,乃是至关重要的原因之一。积极住房权的司法保障存在两点重要缺陷:一是宪法救济的阙如;二是拆迁案件的司法保障存在问题。消极住房权的司法保障主要存在如下弊端:消极住房权的保障范围狭窄,刑事搜查程序不周密,行政检查的司法保障缺位。

针对我国住房权司法保障的缺失,必须对现行住房权司法保障制度进行完善。在积极住房权方面,首先启动公民积极住房权违宪审查制度。在宪法实践中,宪法保障机关适用平等保护原则、比例原则、制度性保障原则对系争法律是否违宪进行判断。其次,健全非法建筑的司法保障制度,包括两个方面的内容:一是建立非法建筑的预防性行政诉讼;二是建立非法建筑的国家补偿制度。在消极住房权方面,其主要思路为:首先,扩大消极住房权的保障范围。将消极住房权的保障范围从传统的私人住宅扩大到学生宿舍、商业性住房、临时住房、移动住房、违法建筑等诸多类型的住房。其次,健全行政检查的司法审查机制。一是建立行政检查的事先司法审查机制,亦即要求行政检查必须遵循令状主义原则;二是完善行政检查的事后审查机制,亦即明确行政检查的诉讼类型及其审查原则。再次,健全刑事搜查的司法审查机制,亦即完善事先司法审查机制,建立非法证据排除规则。最后,完善国家赔偿制度。

第1章 绪 论

1.1 公民住房权司法保障的研究背景

住房是保障人类尊严不可或缺的栖息之地。然而长期以来,学术界对住房权的理解存在较大的片面性,尤其我国法学界对住房权的认识大多仍是停留在消极权利的层面,侧重于住房权的防御功能,而对已经纳入联合国《经济、社会和文化权利国际公约》明确规定的积极住房权则关注不够。其实,从国际法的角度而言,住房权包括两个方面的内容:一是积极住房权,其是指公权力负有宪法义务为弱势群体提供符合人格尊严的住房;二是消极住房权,其是指公权力不得随意侵入公民所居住的地方,否则,其就得承担法律责任。上述两个方面缺一不可,它们共同构建了现代公民住房权的合理内涵。

"有救济才有权利",公民住房权欲想从"纸面上的权利"转变为"行动中的权利",就必须建构起一套完备的司法保障制度。列宁指出:"没有革命的理论,就不会有革命的运动。"[①]因此,在当前公民住房权司法保障存在严重缺位的中国,必须加强对公民住房权司法保障理论的研究。

对于积极住房权的司法保障,我国学术界缺乏应有的关注,有关成果寥寥无几。理论上的贫瘠,造成现实中的执法、司法困境,表现在两个方面:一是非法建筑一律拆除的问题。根据生存权优位原则,当非法建筑涉及公民积极住房权时,公共利益必须让位,因此,在某些特定情形,非法建筑应该受到司法保障,也唯有如此,才能避免一部分公民陷入无

---

① 列宁:《同经济主义的拥护者商榷》,载《列宁全集》第5卷,第283页。

家可归,流离失所的境地。二是集中整治"群租"的问题。本来,"群租"现象的发生,是低收入阶层在高企房价下的无奈之举。对此,政府负有不可推卸的责任,如果政府还借口安全、卫生原因,将公民从"群租"的居所中驱逐出去,这只会造成处于社会底层的公民失去"立锥之地",使得他们将无法在大城市中生存下去,这极不利于社会的和谐。因此,为了保障公民的生存权,必须在非法建筑上附加一定的宪法权利。

对于消极住房权的司法保障,我国学术界也侧重于如何规范刑事搜查权的行使,并将研究的重点定格于传统的居所,而缺乏对现代意义上的住房的司法保障,以至于在许多情形下,公民的消极住房权得不到应有的司法保障。例如,根据现行学术界的观点,汽车、学生宿舍均没有纳入住房的范围,在现实生活中,学校宿舍管理部分可以肆无忌惮地对学生的宿舍进行检查,而不需要履行任何法律手续,对学生的隐私权、财产权构成了巨大的威胁。另外,在行政检查领域,我国现行法律的相关规定也存在很大的漏洞,行政机关往往在没有任何法律手续的情况下就"登堂入室",对公民的住房进行检查,从而严重干扰了公民宁静的生活,甚至还出现了公民精神失常的个案。

宪法所保障的住房不仅是四面墙壁及一片屋顶,更是人们健康生活的一部分,住房满足了心理层面的需求和私人的空间,提供了安全感和躲避风雨的屏障,成为培育人际关系的场所。为此,美国前总统罗斯福曾经指出:"没有什么东西比住房对人们的幸福和社会的安定更加重要。"[1]另外,住房权还是其他宪法权利的基础,例如隐私权、财产权、人格尊严等,因此,住房权的司法保障是一个牵一发而动全身的问题,对之进行研究无疑具有理论价值与现实意义。

1.2 公民住房权司法保障的研究意义

首先,厘清宪法住房权的真正内涵。长期以来,我国学界对住房权

---

[1] 金俭:《中国住宅法研究》,法律出版社2004年版,第72页。

的理解有失偏颇,这即是理论研究上的硬伤,也在一定程度上造成司法实践的混乱,更不符合我国政府所签署的《经济、社会和文化权利国际公约》的基本精神。尤其在联合国经济、社会和文化委员会通过了《第四号一般意见书》与《第七号一般性意见书》两个国际法文件后,住房的适足性与非驱逐性已经被纳入住房权的核心内容,我国再固守消极意义的住房权,显然就不合时宜。因此,本书分别从积极与消极两个方面全面阐述住房权的含义,不仅具有理论上的价值,对于建设和谐社会也意义重大。

其次,扩展住房权保障的范围。与发达国家相比较而言,我国公民住房权的宪法保障范围相对狭窄,该研究不仅是对我国现有住房权学说的丰富与超越,也对进一步扩展公民住房权的司法保障范围提供了理论依据,从而对建设社会主义和谐社会贡献绵薄之力。

再次,为公民住房权的司法保障提供智力支持。"安得广厦千万间,大庇天下寒士俱欢颜"的诗句体现了积极住房权的重要性,而"风能进雨能进,国王不能进"的格言说明了消极住房权的重要性,但是"无救济既无权利",公民住房权如果得不到司法的切实保障,到头来,只是海市蜃楼,一场梦而已。针对当今学术界研究的盲区,在积极住房权领域,本书主要针对我国宪法审查阙如、非法建筑得不到应有司法保障的问题,提出自己的完善方案。这些完善司法保障方案能够从根源上防止侵害公民积极住房权的法律的出台,也能使居住在非法建筑物中的公民得到自己的栖息之地。在消极住房权方面,阐述了行政检查的司法审查的问题,从而为公民消极住房权的司法保障提供理论基础。因此,本书所提出的重构方案为保障公民住房权的保障奠定了较为坚实的理论基础。

第四,具有"承前启后"的衔接功能。其主要表现在两个方面:一是,本书在借鉴域内外学术界的成果的基础上,明确了积极住房权的内涵,亦即"五大规则"。另外,本书在刑事搜查司法审查的建构、积极住房权的宪法保障等方面充分吸收了我国诉讼法学界的当前研究成果。二是该书详尽研究了住房权的保障范围问题,非法建筑的权利保障问题。这些研究思路与研究内容上的创新,当然可以作为"引玉之砖"。

1.3 公民住房权司法保障的研究现状

国外学术界历来很重视住房权司法保障的两个方面。首先,对于积极住房权的内涵进行了大量的探讨。例如,美国学者就提出适足住房的 5C 标准,即 Cost(房价)、Condition(标准)、Crowding(拥挤度)、Community Facilities(社区设施)、Control(自治)等。印度学者对本国所发生的驱逐性案件进行了大量的法学评析。其中,Right to life and livelihood for homeless 就是代表作。另外,联合国相关组织很重视公民积极住房权的司法保障问题。例如,适足生活水准权所含适足住房问题及在此方面不受歧视权问题特别报告员米隆·科塔里的报告就南非公民积极住房权的司法保障进行描述,并指出其所存在的问题。

关于积极住房权的司法保障问题,我国学术界的成果主要集中在如下两个方面:一是住房权的可诉性问题。对此,我国法学界主要将研究重点放在社会福利权可诉性的议题上。胡敏洁发表在《中外法学》的《宪法规范、违宪审查与福利权的保障》则是其中的代表作,该论文认为包括积极住房权在内的社会权均具有可诉性,并以美国的宪法实践为例,构建了一个"福利权的宪法规范"与"违宪审查"之间的关系图景。真正专门探讨积极住房权的可诉性问题的论文很少,只有介绍南非宪法实践的几篇论文。例如,黄金荣发表在《环球法律评论》的《司法保障经济和社会权利的可能性和限度——南非宪法法院格鲁特布姆案评析》,杨福忠发表在《山东社会科学》的《从南非格鲁特姆案看积极权利对立法者的义务》,这两篇论文从宪法判例中得出积极住房权的可诉性。二是房屋拆迁的司法救济问题。对于城市房屋拆迁的法学研究,我国学界取得了较为丰硕的成果。相关成果集中在拆迁过程中的公共利益的界定问题与拆迁补偿问题两个方面。例如,王克稳发表在《行政法学研究》的《改革我国拆迁补偿制度的立法建议》,彭小兵、谭亚发表在《甘肃政法学院学报》的《城市拆迁中公共利益的界定问题研究》。至于非法建筑的权利保障问题,我国法学界对之进行研究的寥寥无几,只有少数几篇从民法的角度进行研究的论文。例如，黄刚在《法律适用》上发表的《违法建筑上存在权利吗？》，该篇论文否定了非法建筑存在权利，这与本书的观点不相一致。

我国学术界近年来开始关注住房权的积极方面。其中，王宏哲发表在《人权研究》（第7卷）的《适足住房权研究》是代表作。该论文的主要内容分为如下几个部分：适足住房权的概述；适足住房权的确立与发展；适足住房权的国家义务；适足住房权的救济；中国住房政策的人权反思。[1] 另外，还有一些学者结合国际公约对现代意义的住房权内涵进行了宪政解读。其中较为有影响的论文有：张群发表在《法学论坛》的《对我国住房保障的人权思考》，该论文的主要内容分为两个部分：一是作为人权的住房权；二是弱势群体，特别是农民工、灾民等的住房保障问题。[2] 刘淑媛发表在《湖北财政高等专科学校学报》的《人权视角下的适足住房权》，该论文从人性需求及国际人权文件的承认入手，论证住房权的人权属性，澄清了住房权的内涵体系，明晰与住房权相对应的国家义务。最终，此论文希望通过对适足住房权概念及内涵的引入，剖析中国的住房权问题，提出住房权应该入宪，以把住房问题的解决转入到人权实现模式的正确轨道上来。[3] 但是，上述论文对积极住房权的司法保障则没有涉及。

对于消极住房权的司法保障，国外的研究成果更是汗牛充栋。相关成果主要集中在行政检查的令状主义、刑事搜查的事先司法审查、特别是对令状主义适用的例外情形进行了大量的分析。对于刑事搜查的事后审查，主要研究非法证据的排除规则与刑事程序制裁等问题。这些研究成果对我国法学界产生了较大的影响。

国内学术界对住房权的司法保障研究主要集中在刑事搜查领域，并

---

[1] 王宏哲：《适足住房权研究》，载徐显明主编：《人权研究》（第7卷），山东人民出版社2008年版，第112~185页。
[2] 张群：《对我国住房保障的人权思考》，载《法学论坛》2008年第9期。
[3] 刘淑媛：《人权视角下的适足住房权》，载《湖北财政高等专科学校学报》2006年第6期。

取得了较为丰硕的成果。归纳而言,相关成果表现在刑事搜查的事先审查与事后审查两个方面。事先审查主要介绍域外的令状主义原则及其适用的例外情形,例如紧急搜查、同意搜查、附带搜查等。在事后审查方面,主要介绍域外的非法证据排斥规则与刑事程序的制裁问题。在比较研究的基础上,我国法学界提出了完善中国刑事搜查制度的方案。主要代表作有陈瑞华的《程序性制裁理论》、孙长永的《刑事侦查中的司法令状制度探析》、林钰雄的《违法搜索与证据禁止》、柯庆贤的《论修正之搜索及扣押》、王兆鹏的《经同意之搜索》等。我国现行许多教材也大量涉及上述问题,例如,陈光中主编的《中国刑事诉讼程序研究》(法律出版社1993年版)、程味秋主编的《外国刑事诉讼法概论》(中国政法大学出版社1994年版)、王以真主编的《外国刑事诉讼法学》(北京大学出版社1994年版)等。另外,有关刑事诉讼法的译著中也大量存在刑事搜查司法审查的内容,例如,田口守一著、刘迪等译的《刑事诉讼法》(法律出版1998年版)、伟恩·R. 拉费弗等著、卞建林等译的《刑事诉讼法》(中国政法大学出版社2003年版)等。此外,几年来,有关刑事搜查的博士论文也逐渐增加,这些博士论文对刑事搜查的司法审查问题的研究相当深入,例如,潘利平的《刑事搜查制度研究》,该博士论文对刑事搜查的类型,我国刑事搜查的立法与司法现状及其完善的对策进行了详尽的分析。对于行政检查的司法审查问题,我国学界缺乏应有的研究,主要有沈军在公法网发表的《中国行政检查问题研究》,该论文主要从行政检查法律规范模式、行政检查程序比较研究、行政检查职权立法构想等方面对中国行政检查制度进行反思,对行政检查制度的司法审查则语焉不详。顾敏康发表在《时代法学》的《行政检查公民的住宅必须使用搜查证》提及到行政检查的司法审查问题,但也不够深入。另外,涉及行政检查的硕士论文越来越多,例如唐城的《行政检查性质及其法律规制研究》、秦坤的《行政检查制度研究》等,但是这些硕士论文很少涉及司法审查的问题。

1.4 公民住房权司法保障研究思路与研究方法

1.4.1 研究思路

住房权作为公民的一项基本人权,具有经济、社会和文化权利的典型特征,其实现必然会受到各种因素的影响和制约。一般说来,需要受到自然环境资源、社会经济发展水平、政治法律制度以及思想观念的制约。任何一项权利的实现都离不开政治民主和法制健全的国家制度。公民住房权能否真正得到国家的保障很大程度上取决于其能否得到国家政治上的认可和法律上的规定,否则住房权只能处于应有权利的阶段而无法得到切实地实现。公民住房权作为一项基本人权,国家和政府有义务采取一定的措施来帮助公民实现这一权利,也就是说在住房权实现的过程中,国家和政府承担的是积极作为的义务。这样就决定了住房权的实现,需要多种途径进行综合地保障。具体来说,住房权的保障分为三种途径:即立法保障、制度保障与司法保障。

住房权的立法保障在理论界一般是指将住房权入宪,同时制定《住房法》以及相关的配套法规。住房权保障立法是实施宪法、建设法治国家的必然要求。将住房政策与住房保障制度上升到法律高度,使其具有约束力。因为缺少住房权保障的法律,公民的住房权的内容不具体,政府的责任不明确,住房权就会受到损害。公民即使无家可归也无法通过法律途径进行救济。因此立法保障可以说是住房权保障的根本途径。

住房权的制度保障一般说来是指建立稳定的财政供给制度和完善不同层级的住房保障制度。首先,住房权保障需要政府的财政支持与合理的财政预算,否则,住房权的保障难以实现。我国的一些住房保障制度没能很好地发挥作用其根源在于法定的财政预算制度的缺失。因此,应当建立稳定的财政预算制度,明确规定各级财政在保障住房方面的支出比例。其次,完善住房公积金制度、住房补贴制度、经济适用房制度、廉租房制度、政策性租赁房制度等。

住房权的司法保障是指公民住房权受到侵害时,能够以司法途径获得救济。如果说住房权入宪实现了其向实有权利转化的第一步,但是要使这种虽然已是规范权利、但仍然属于应然范围的应有权利转化为实有权利,相对来说就比较困难。我们知道,法在实施的过程中,立法被称为静态的法,也就是法的效力,而司法被称为动态的法,也就是法的实效。法的效力是法的约束力,属"应然"范畴,是讨论"应然"状态的静止的法律是否符合一定的法律规格;法的实效是指具有法的效力的制定法的实际实施结果,属"实然"范畴,是分析"实然"状态的运动中的法律所产生的实际结果。法律在被制定出来后,只是一种抽象意义上的行为规范,通过法的实施,法律在现实社会生活中被有关主体遵守、执行和适用,法的实效得以产生。这样才可以充分体现立法者的目的与意图,与法的效力达到统一。法律制定出来以后,具有了应然的法律效力,但是当把法律放到现实社会中去实施时,总是处于理想和现实的矛盾之中。立法虽然可以指导实践,但是却永远跟不上社会环境的变化。在实践中,法的实效是不断变化着的,因此,我们的目标应该是努力提高法的实效的量,尽量接近应然法律的效力。正是基于此,司法的重要性便充分体现出来。通俗地来说,也就是人们常说的立法容易司法难。立法的宗旨就是限制国家滥用权力和保护公民的合法权利,而司法的目的之一便是促成人权由法定形式转为现实。"无救济则无权利"就充分揭示了司法保障对于权利保护的重要性。

住房权作为一种社会权利,许多学者认为社会权利的实现需依赖一国的经济发展水平和财政政策,社会立法的制定与否属于立法机关的立法裁量范围,相应地,在社会权利救济的方式上,人们一直认为这是一种"非司法上的权利",即非诉权利。[1] 在我国,虽然宪法规定了部分住房权,但是宪法条款是否具有直接的司法实用性一直备受争议。持否定观点的人认为,宪法规范通常不具有制裁性,这决定着宪法规范没有直接的法律效力。[2] 而在国外,有关宪法基本权利的救济却备受关注,并呈

---

[1] 关今华:《人权保障法学研究》,人民法院出版社2006年版,第369页。
[2] 周伟:《宪法基本权利司法救济研究》,中国人民公安大学出版社2003年版,第123页。

现出了不同的特点,且建立起了一套较为完备的宪法诉讼体制。住房权作为一项可以向国家要求积极作为的权利,国家负有尊重、保障、促进与实现的义务。虽然国家可以在其经济文化发展水平等条件下来确定提供义务的程度,但这种资源的限制并不能否定住房权之类的社会权应当具有可诉性,住房权的实现也应当具有获得司法救济的能力。从这个角度上来说,住房权的司法保障比立法保障与制度保障的意义更为深远,住房权能够得到司法救济,直接说明一国的法治水平的高低。赋予公民住房权,把其作为一种基本的人权进行宪法保护,并建立起一套对其进行司法救济的体制,这样不但能够切实保护公民住房权的实施,维护社会稳定,同时更能限制国家行政权力的滥用和不作为,比如后文中提到的对行政检查的限制等,都具有重要的意义。

正是基于此思路,本书将研究重点放在住房权的司法保障上,而不对立法保障与制度保障进行论述。希望通过本书,能够较为系统而全面地研究住房权的司法保障制度,从而改变"立法容易司法难"的困境。

1.4.2 研究方法

本书所采用的研究方法主要有以下三种:

文献分析法。住房权的司法保障问题是一个全球性的共同话题,各种资料常见于各种国际公约与国际文献之中。特别是域外的有关宪法判例需要仔细搜寻,并加以整理、归纳,并从中理清住房权的人权内涵,以及国际上的保障制度。

比较分析法。"有比较才有鉴别",在住房权的司法保障问题上,域外发达国家先行一步,其既有成功的经验,也有失败的教训。本书较为详尽阐述了域外在保障公民消极住房权与积极住房权方面的相关制度,特别是有关住房权的保障范围、对"非法建筑"的司法保障等方面的做法,并从中找出可资借鉴的"他山之石"。

实证分析法。"法律的生命不在于逻辑,而是经验",本书立足于本国国情,通过鲜活的事实阐述,呈现出我国现有住房权司法保障制度的弊端,从宪法的高度来重构我国住房权的司法保障制度。

第2章　公民住房权司法保障概述

住房权在我国也称为"住宅权"、"居住权",尽管表述各有不同,但是本质上来看,区别不大。住房权,又称适足住房权,"是指公民有权获得可负担得起的适宜于人类居住的,有良好物质设备和基础服务设施的,具有安全、健康、尊严,并不受歧视的住房权利。为实现住房权,政府、个人和国际社会组织承担着重要的责任与义务"[1]。

1981年通过的《住宅人权宣言》指出:我们确认居住在良好的适宜人居住的住处,是所有人民的基本权利。住房权是一项基本的人权,在人权的权利体系中,住房权归属于经济、社会和文化权利中的社会权利。"基本人权包括生存权与发展权两项。"[2]生存权是指一个人的生命不受非法侵犯以及要求社会创造条件以使其生命得以延续的权利。由此可知,生存权包含两方面的内容:生命安全权与生命存续权。生命安全权是指人的生命非经法定程序不受到任何的伤害与剥夺的权利。生命存续权指人作为人应当具备的生存条件,如衣、食、住、行等各方面的物质生活保障。

住房是人类正常健康生活的基本要求,是立足于社会的基本前提,是确保人类尊严不可或缺的一部分。它不仅能够满足人们安全和免遭外界侵扰的物质需要,同时还能实现人们关于隐私和个人空间的深层心理需要。适足的住房是人类生存和幸福生活的基本条件。住房权是对维护人类尊严和幸福生活至关重要的权利,是人应有的基本权利。它不

---

[1] Janet Ellen Steams Voluntary Bond The impact of habitation U. S housing policy. Saint Louis University Public Law Review 1997. P419.

[2] 李龙、汪习根:《法理学》,人民法院出版社、中国社会科学出版社2003年版,第167页。

是孤单存在的,它与其他各项权利相互依存、相互支持、有机结合、不可分割。公民失去了住房权,就无法必然地实现健康权,因为没有固定且适宜的住所,就不可能必然保证人的身体健康、身心健康。公民的住房权得不到保障,平等权就不可能理想地得到保障。对于居住者而言,适足住房权的缺乏,导致工作和生计的尊严甚至生命权的丧失。如果公民的住房权得不到保障,人的基本权利——生存权也就无法得到保障。因此我们可以确定,住房权是实现生存权不可或缺的组成部分,公民的住房权是公民的基本人权。

在理解住房权的含义时要明确住房权的核心与实质,住房权并不是说一个人拥有了一套住房就充分享有了该权利,而且包括与住房权相关的一些权利,比如住房保障权、参与权、隐私权、信息权、不受不人道和有辱人格待遇的权利,以及不被任意拘留的权利等,这是一个权利体系,而非单个的权利。

公民住房权在学理上和人权法文件中一般被归类到社会权中,要求国家提供适当居所的积极作为义务。《经济、社会及文化权利国际公约》第11条第1款明确规定公民住房权,它规定国家"将采取适当的步骤保证实现这一权利"的义务。此后一系列解释性的主动措施进一步阐明并补充了国家在住房权上应该承担的义务。联合国经济、社会和文化权利委员会、欧洲人权委员会、欧洲人权法院、欧洲社会权利委员会,以及解决住房权的联合国决议和法律文本确定了在充足住房方面国家的"四个层次"(尊重、保护、促进并实现)义务的方法的框架,揭示了公民住房权的国家义务的核心内容。各国宪法关于公民住房权的条款,也明确了住房权保障的国家积极作为的义务。

2.1 公民住房权的内容

按照其性质、功能的不同,任何权利均可以分为宪法权利与民法权利。所谓宪法权利是针对公权力而言的基本权利,而民事权利是指平等主体之间所享有的财产权与人身权。这两类权利,虽然在名称上一样,内容也具有相似性,但是在功能上存在很大的差异。宪法权利的主要功能是防止公权力的侵害;而民法权利的主要功能是防止平等主体的侵害。如此形成了公民保障的二元结构:民法保障与宪法保障。① 公民运用民法权利来对抗平等主体的侵害,运用宪法权利来对抗公权力的侵害。公民所享有的住房权也是如此,其包括民法上的住房权与宪法上的住房权。但本书限于篇幅,仅仅探讨公民的宪法住房权的司法保障问题。宪法上的住房权分为两个方面:一是积极住房权,二是消极住房权。下面分别详细阐述之。

2.1.1 积极住房权

所谓积极住房权是指公民在一定条件下所享有的要求政府为其提供符合人格尊严的住房的受益权。目前来说,理论界对于积极住房权的具体内容还存在争议,笔者认为,应当有以下几个标准衡量公民积极住房权。

2.1.1.1 住房价格的可承受性

住房价格的可承受性是指住房的费用水平不得超出人们的租赁或购买能力。在建筑技术日益发达的当今社会,住房短缺问题和房屋质量得到了根本性的改善,住房价格可承受性问题日益凸显。如今的中国,由于房价的高企,越来越多的年轻人沦为"房奴"。甚至还出现"想当房奴都难"的现象。因此,住房价格的可承受性应成为适足住房权的第一要义。

住房价格是否具有可承受性,可以从下列两个指标加以判断:一是房地产空置率;二是居民承受能力。

首先谈房地产的空置率。按照国际通行算法,空置率是指待出售、出租的房屋占市场全部存量房地产的比率。一般来讲,房屋空置率5%为适度,10%则为警戒空置率,超过20%为严重空置。例如,2005年美国商用房空置率高达16.5%,日本近来空置率在5~8%。我国有所不

---

① 欧爱民:《立宪主义语境下对我国宪法权利的考问》,载《法学评论》2006年第2期。

第 2 章　公民住房权司法保障概述

同,其计算方法是将报告期内商品房空置面积除以最近三年来商品房的供应量。①

表 2.1　1995—2005 年我国住房空置率

年份	房屋竣工面积	近三年房屋竣工面积	商品房空置面积	空置率(%)
1995	14874	39074	5031	12.9
1996	15357	41868	6224	14.9
1997	15820	46051	7038	15.3
1998	17568	48744	8783	18.0
1999	21411	54798	10740	19.6
2000	25105	64083	10701	16.7
2001	29867	76383	11763	15.4
2002	34967	89948	12592	14.0
2003	41464	106307	12837	12.1
2004	42465	118905	16258	13.7
2005	48793	132722	14000	10.5

国家统计局发布的《2008 年 1—12 月全国房地产市场运行情况》表明,截至 2008 年 12 月末,全国商品房空置面积 1.64 亿平方米,同比增长 21.8%,其中,空置商品住宅 9069 万平方米,同比增长 32.3%,增幅提高 9.4 个百分点。② 在某些地方商品房空置率更是达到惊人的程度。例如,截至 2007 年底,我国呼和浩特市商品房空置面积达 16956 万平方米,同比增长 22.22%,其中商品住宅空置率高达 66.33%。③

在经济学中,通行做法是将房价收入比作为衡量居民承受能力的指

---

① 《房屋空置率进入"红灯区"地产泡沫将要破裂?》,参见 http://news.163.com,最后访问时间为 2007 - 02 - 05。
② 国家统计局:《2008 年 1 - 12 月全国房地产市场运行情况》。
③ 参见 http://www.northnews.cn/news,最后访问时间为 2009 - 1 - 28。

我国公民住房权的司法保障研究

标。一般说来,在发达国家,房价收入比为1.5~5.5。在发展中国家范围更广泛一些,为4.0~6.1,在一些发展中国家可能还会超过6.0。

反观我国,自1998年来,房价收入比一直在高位上运行,大多数年份均在7.0以上,这明显超出了居民的承受力。

表2.2 我国1998年—2005年住房的可支付指数

年份	商品房均价 (元/每平方米)	城镇居民人均 可支收入(元)	房价收入比 (70平方米)	房价收入比 (80平方米)	房价收入比 (90平方米)
1998	2063.00	5425.10	8.87	10.14	11.41
1999	2053.00	5854.20	8.18	9.35	10.52
2000	2112.00	6280.00	7.85	8.97	10.09
2001	2170.00	6859.60	7.38	8.44	9.49
2002	2250.00	7702.80	6.82	7.79	8.76
2003	2359.00	8472.20	6.50	7.43	8.35
2004	2778.00	9421.60	6.88	7.86	8.85
2005	3167.66	10493.00	7.04	8.05	9.06

按照每个家庭三口人,住房面积分别为70平方米、80平方米、90平方米计算房价收入比。①

综上所述,我国房价的高企已经超出了应有的限度,在我国,房价超出普通民众的承受范围。这表明,我国现行的许多政策存在违宪的嫌疑,因为它导致了房价的过快增长,就此而言,政府没有履行自身的宪法义务,为公民提供价格合理的住房。

2.1.1.2 住房条件的可居性

住房条件的可居性是指住房应符合基本的安全、卫生和其他相关标准。具体而言:一是住房要有足够的空间,拥挤的住宅必然不适合居住;

---

① 马辉、陈守东、才元:《当前我国房地产泡沫的实证分析》,载《经济研究参考》2008年第34期。

第2章 公民住房权司法保障概述

二是住宅建筑必须完整,拥有卫生、安全、舒适和健康必需的设备,如厨房、卫生间、阳台等;三是住宅建筑必须是安全和卫生的,能保障居住者免受严寒、潮湿、炎热、刮风下雨或其他对健康的威胁、建筑危险和传染病原。

住房条件的可居性要求健康住宅,首先体现在住宅室内或住区居住环境等多方面,包括温度、湿度、通风换气、噪音、光和空气质量等物理、化学量值。其次,表现在主观因素的心理方面,公民的私密性能不能得到保护,直接影响到公民的个性能不能得到发扬,视野、景观、室内的色彩以及材料选择等构成了影响生理的因素。

世界卫生组织发表了关于健康住宅的建议标准,内容包括九条:(1)一是装修材料引起的有毒气体,如挥发性的有机物(甲醛),放射性的材料;二是关于二氧化碳,人呼出的二氧化碳的浓度,粉尘的浓度,这些都影响我们人体健康。(2)气温,对人的舒适的温度是17℃~27℃。(3)湿度是影响舒适的重要因素,适当的范围应控制在40%~70%。(4)噪音,控制噪音的因素很多,有空气隔声、地板隔声、门窗隔声等很多因素。(5)日照,日照要求三小时。(6)足够的照明设备和换气设备,特别是换气设备,亦即补充新鲜空气的设备。(7)足够的人均建筑面积,保证人有最小的居住空间。(8)抵抗自然抗灾害的能力。(9)要照顾弱势群体,老人、残疾人。[①]

从人切身相关的健康因素出发,根据上述九条进行演变,进行细化,我们可以更加具体化提出"健康住宅建设的技术要点":(1)人居环境的健康性,亦即住房的硬件建设要符合健康标准;(2)人居环境的自然性,亦即住房应该跟大自然保持高接触性;(3)人居环境的环保性,一个健康的人居环境应在废弃物增多加大的情况下,保持环境的卫生性;(4)体育设施的可得性,一个适宜的住房应该有基本的体育设施。

---

① 开彦:《建筑师眼中的健康住宅》,参见 http://www.estatecn.com,最后访问时间为2008-06-09。

2.1.1.3 住房机会的平等性

住房机会的平等性是平等保护原则在住房领域的体现,任何人不得因为种族、性别、年龄、党派、性取向等在住房的取得或使用上遭到歧视。在经济、社会地位上处境不利的弱势群体,诸如灾民、贫民、重症病人、年老人、儿童、残疾人、艾滋病患者、精神病人等有充分和持久得到适当住房资源的权利,并应得到优先保障。1995年联合国在土耳其的伊斯坦布尔市举行了人类第二次住房会议,该会议通过了《人居议程》,其第1章第27条规定:在公平的人类住区中,所有人,不分种族、肤色、性别、语言、宗教、政治或其他观点、国籍或社会出身、财产、出生或其他地位,均有平等享有住房、基础设施、保健服务、充足的食物和水、教育和空地的机会。此外,这种人类居住场所还为富有成效、自由选择的生活提供平等机会;在这种人类住区中,能够平等取得经济资源,包括继承权、土地和其他财产所有权、信贷、自然资源和适用技术;能够获得个人、精神、宗教、文化和社会发展的平等机会;能够获得参与公共决策的平等机会;能够获得保护和使用自然和文化资源的平等权利和义务;能够平等使用各种机制确保各种权利不受侵犯。①

2.1.1.4 住房的非驱逐性

所谓住房的非驱逐性是指个人、家庭乃至社区免受在违背他们意愿的情况下被长期或临时驱逐出他们居住的房屋或土地,而不能援引适当的法律或通过其他形式获得保护。由于所有权利是互相联系的,强制驱逐不仅侵犯了公民的住房权,而且违反了诸多其他基本权利,例如生命权、人身安全权、和平享有财产等。

在印度,德里市政府决定把沿河地区改建为游乐地区,因此必须将穷人的房子拆除,15万人在两个礼拜内被驱逐,大多数人每月收入仅有2000印币(相当45美元),因此其只能在废墟中,自己建造房屋。这项政策不仅侵害了这些人的住房权,而且对其他权利也造成影响。由于当时正值选举,大部分生活在贫民窟的民众笃信回教,一旦他们的房屋遭

---

① 《人居议程》第一章,第27条。

第2章 公民住房权司法保障概述

到拆除,他们便丧失投票权,选举的结果将有利于印度教党派。另外,该拆迁还影响到大量公民的工作权。在该案例中,原告之一穆罕默德·伊巴拉伊在2004年4月的一个早上,把全家的东西搬移至屋外,九点钟推土机拆除他们的房子。伊巴拉伊先生一家三代以驾驶三轮车为生,居住的房子是自己建造的。根据政府的安排,若伊巴拉伊先生能支付三个月的薪水,政府便会在城外35公里的地方为他们安排新的住所,但是他们无法在新的住房区开三轮车养家糊口了。①

基于住房权的重要性,联合国经济、社会和文化委员会通过了《第7号一般性意见》,专门就强迫驱逐进行阐述。该《意见》指出,1998年联合国大会在其第43/181号决议中通过了《2000年全球住房战略》,明确了各国政府有基本的义务去保护和改善、而不应损害或拆毁住房和住区。在《人类住区议程》中,各国政府做出承诺,保护所有人不受违法的强迫迁离,提供法律保护并对违法的强迫迁离采取补救措施,同时考虑到人权情况,如果不能避免迁离,则酌情确保其他适当的解决办法。

据此而言,住房的非驱逐性并非是绝对的,为了重大的公共利益,在特定条件下,政府可以拆除公民的住房,但必须遵循如下最基本的原则:

一是驱逐必须是合理的。联合国人权委员会关于《公民权利和政治权利国际公约》第17条的《第16号一般性意见书》申明:只有在"法律设想的情况下才允许当局干预一个人的住房"。联合国经济、社会和文化委员会则进一步指出,这种法律应符合《公约》的规定、宗旨和目标,而且在具体情况下绝对有必要合理。经济、社会和文化委员会特别指出,缺乏发展并不是剥夺国际公约所规定的人权的理由。

二是遵循正当法律程序。正当的法律程序是限制或剥夺所有人权必不可少的因素。在强制驱逐等问题上更是如此。驱逐的程序至少包括:(1)让那些受影响的人有一个真正磋商的机会。在驱逐执行之前,特别是当这种驱逐涉及大批人的时候,必须首先同受影响的人商量,探讨所有可行的备选方法,以便避免、或尽可能地减少使用强迫手段的必要

---

① The Olga Tellis Case,参见 http://www.indiatogether.org/opinions/rhousing.

性;(2)在预定的迁移日期之前给予所有受影响的人充分、合理的通知;(3)让所有受到影响的人有合理的时间预先得到关于拟议的迁移行动以及适当时间与所腾出的房、地以后的新用途的情报;(4)是谁负责执行迁移行动必须明确地指出;(5)除非得到受影响人的同意,否则,迁移不得在恶劣气候或在夜间进行;(6)提供法律的补救行动;(7)尽可能向那些有必要上法庭争取权利的人提供法律援助。

三是预先给予补偿。《公民权利和政治权利国际公约》第 2.3 条规定,只有在权利受到侵犯的公民得到"有效的补救",并确保合格当局在给予适当补救时,拆除行为才能付诸实施。

四是遵循比例原则。驱逐不应使人变得无家可归,或易受其他人的侵犯。如果受影响的人无法自给,国家必须采取一切适当的措施,用尽所有的资源酌情提供新的住房、新的住区或新的有生产能力的土地。①

2.1.1.5 住房的融合性

住房的融合性是指不同阶层的公民不能因为住房的隔阂而造成社会的分离。公共住房的选址和布局既关系到城市总体规划的科学性,也与社会的稳定和谐紧密相关。如果公共住房集中在城市特定区域,形成了贫民窟,低教育水平、低就业率、高犯罪率就会成为影响城市和谐的隐患。美国一些城市很早就备受贫民窟问题的困扰,1973 年起美国政府开始把分散低收入者住房、改善社区质量纳入公共住房政策,这才有效地避免了贫民窟的出现。

法国也由于"富人区"与"廉租区"泾渭分明,各大城市纷纷出现贫富对立的局面,导致社会矛盾激化,近两年来连续发生骚乱事件。富人不敢到"廉租区",也不对穷人进行帮助。而住在廉租房里的穷人则仇视富人。久而久之,社会矛盾激化,暴力、吸毒、走私等社会问题层出不穷。法国政府为此出台了以"贫富混居"为主要解决方案的"城市更新计划",不再人为地分割富人区和穷人区,把廉租房建在普通住宅区,使

---

① Felix Morka:《人权链环——经济社会文化权利》,辅仁大学社会文化研究中心译,和平丛书 2004 年版,第 22~25 页。

第 2 章 公民住房权司法保障概述

低收入者与高收入者"同在一个屋檐下"。根据该计划,今后法国的房地产商在开发大型楼盘时,必须向政府承诺其所建住宅含有一定比例的廉租房。

在中国,有些开发商提出了"只为富人建造房子"的口号,为了防止避免西方曾经出现的"贫民窟"现象,我国许多地方政府采取了一些行之有效的措施。例如,成都市规定取得商品房开发用地的建设项目,将根据规划条件配建经济适用房和廉租房,开发建设中配建的经济适用房的建筑面积比例将不得低于开发项目中住宅总建筑面积的10%~15%,套型建筑面积控制在60平方米左右。廉租房的建筑面积比例不得低于开发项目中住宅总建筑面积的5%,套型建筑面积控制在50平方米以内。也就是说,成都市的商品房建设项目中,将有10%~20%的房源将成为保障性住房的房源。为了引导开发商参与到此一计划中,成都市人民政府充分发挥了行政指导的功能,规定在开发项目中配建足够经济适用房、廉租房建设者,经营中的行政事业性收费全免。[①]

2.1.2 消极住房权

所谓消极住房权是指公民享有的对抗政府随意进入的权利。消极住房权是一个内容丰富的权利体系,其主要包括住房安宁权、住房隐私权、住房财产权等。

2.1.2.1 住房安宁权

住房安宁权,又称住房不受侵犯权,是保障人们在其住所内,享有安宁居住空间,国家公权力不得非法侵入。公民住房作为与生存权直接有关的私人领地,是人们人格发展的空间。"风能进,雨能进,国王不能进",这是法治社会对公民住宅安宁权的承诺。如果说有什么力量可以合法地破门而入,那就是公权力,但并不是任何公权力机关都有权力进入公民住宅进行检查。行政机关若无正当理由侵入公民住所进行检查,

---

① 《08年昆明住房建设计划出炉 新建27700套经济房》,参见 http://ccdv.people.com.cn,最后访问时间为2009-02-13。

系构成对公民住宅安宁权的严重侵犯。由于公民住所与其他场所有不同的价值,有必要把住所和其他场所予以区别。行政机关在进行检查时,必须区别对待公民的住所和其他的场所。对于私人居住空间的住宅必须采取高密度的保障,允许发动行政检查与刑事搜查的要件较为严格;对于非私人居住空间的场所的司法保障就相对宽松一些。

住房安宁权包括如下几个方面的含义:一是,不受直接或间接地通过一定的器具窥视或窃听住房内部的一般私生活或家庭生活情景等行为的干涉。二是,对非法进入他人住房危及他人人身安全、财产安全和生活安宁的违法或犯罪行为,宅主有权进行正当防卫,命令侵入者立即离开其住房。如果侵入者拒不离开其住房,宅主有权采取各种足以迫使其离开的措施。

2.1.2.2 住房隐私权

隐私权一般是指自然人享有的对自己的个人秘密和个人私生活进行支配并排除他人干涉的一种人格权。其主要内容主要包括个人信息和生活情报的控制、保密权,个人通讯秘密权和个人对其隐私的利用权[1]。因此隐私权的保障乃借由社会生活公、私生活领域的区分,将属于私领域的个人自身生活事务保留于个人,对此类事务尊重个人自身决定,并排除公权力及他人的干涉。隐私权虽然并未在我国宪法中明文予以规定,但仍能从宪法第四十七条中推导出此一宪法权利。

从搜查制度的发展看,随着公民隐私权的彰显,隐私权已替代财产权成为搜查最易侵犯的权利,住房隐私权成为宪法保障的重点内容。例如,在 1961 年马普诉俄亥俄州一案中,由于警察在没有搜查证的情况下强行搜查了被告人的家,美国联最高邦法院裁决不得采纳警察以非法手段获取的证据。克拉克大法官发表法院的裁决意见认为:"既然已经认可第四修正案规定的隐私权可以对抗政府的非法行为,而且认可个人隐私免受政府官员非法侵犯是一项宪法性权利,我们就不能再允许此项权

---

[1] 《08 年昆明住房建设计划出炉 新建 27700 套经济房》,参见 http://ccdv.people.com.cn,最后访问时间为 2009-02-13。

第 2 章 公民住房权司法保障概述

利仍然是一个空头承诺。因为个人隐私权与其他受正当程序条款保障的基本权利在实现方式和效果上都是一样的,所以我们不能再允许警察以执法的名义而随意侵犯个人的隐私权。"①在多尔曼诉美国一案中,里文叟法官认为:"政府官员未经同意进入他人住所必须非常审慎,住所免受侵犯是第四修正案保护隐私权的基本方式。"他还进一步指出:"宪法对私人住所的保护同样适用于警察无证入室逮捕的行为,入室逮捕与入室搜查、扣押同样都涉及公民在住所隐私和神圣性方面的利益,都应当受到宪法的同等保护。"②通过上述案例,美国联邦最高法院确立了有关入室搜查、扣押的规则,即在非紧急的情况下,警察进入私人住宅必须持有司法令状,不能无证入室;对于无证入室搜查、扣押之类的执法活动,法律有着严格的限制。可以说,美国宪法保护公民个人隐私权的重要体现就是公民住宅神圣不可侵犯。

2.1.2.3 住房财产权

宪法之所以保障住房权,一个直接的原因是住房是公民财产的存放地,凭借住房的物理功能,公民的财产权就能够得到保障。一个人的财产是否存放在住房里,这对公民财产的保护意义重大。如果一个人的财产是存放在房屋外,此时其就可能变成遗弃物,任何人将之据为己有的行为,只构成不当得利,而非行政违法行为,对之不能加以处罚。

住房财产权的保障对象包括两个方面:一是住房本身,包括修建或装修该住房所消耗的建筑材料;二是寄放在住房内,具有独立性的财产。例如桌椅板凳、床、柜子、锅瓢碗筷等日常生活用品。我国宪法第 13 条规定:公民的合法的私有财产不受侵犯。为了保障公民财产权,就必须对住房权进行严格的保护。为此,就必须对刑事搜查、行政检查的启动要件进行严格的规定。

因为公民对住房本身及住房内所存放的物品享有财产权,所以即使是合法的拆除行为也不能对之进行侵害,否则,国家就应承担赔偿责任。

---

① 李学军:《美国刑事诉讼规则》群众出版社 1997 年版,第 73 页。
② 李学军:《美国刑事诉讼规则》群众出版社 1997 年版,第 73 页。

另外,即使是"非法建筑",但非法建筑所包括的建筑材料,以及非法建筑内的物品乃是合法财产,对之公权力不能随意加以损害。

2.2 公民住房权司法保障的依据

前面提到,公民住房权的司法保障具有法的实效的性质,是能够确保住房权顺利实施的关键,因此就需要探讨公民住房权司法保障的依据,具体说来包括理论依据、法律依据与现实依据。

2.2.1 理论依据

英国思想家洛克认为,"人类天生都是自由、平等和独立的","任何人都不得侵害他人的生命、健康、自由或财产"。① 为了使每个人能够充分地享有和实现人权,人们建立国家和政府以有效地保护人们的生命、自由和财产等自然权利。尽管以洛克为代表的天赋人权理论将社会契约论作为其立论的依据,带有历史唯心主义的色彩,但是其所包含的国家和政府在人权保障方面的责任和义务的观点却是具有历史的进步意义。人权保障是指排除对公民人权现时和将来的妨碍,使之最终实现的制度化保护,它首先是指作为基本人权的公民基本权利的保护。保障人权的理由在于,它是现代法治社会的基本要求。

首先,人权保障是使公民基本权利由法定形式转为现实的必要条件。公民基本权利的法律化并不意味着它们事实上的存在,其实现需要专门机构及其运作机制的保障。公民基本权利的合法性象征着公民对于国家权力的分享,它表明了公民与国家之间的关系。人权一旦确定就应当受到保护。立法的宗旨就是限制国家滥用权力和保护公民的合法权利,而执法和司法的目的之一便是促成人权由法定形式转为现实。

其次,人权保障是防止权利侵害和弥补权利缺损的重要方式。在公民基本权利的实现过程中,主要出现的问题是权利侵害和权利缺损。权

---

① [英]洛克:《政府论》(下篇),叶启芳、瞿菊农译,商务印书馆1964年版,第136页。

利侵害主要来自两个方向：一是其他公民或社会组织，另是国家机关。在前一种情况下，公民可以请求国家权力的帮助得到救济，在后一种情况下，权利就会出现危机。在整个国家权力中，最活跃最有力的部分是行政权力。行政机关所具有的自由裁量权和行政公务人员在执法中难以摆脱的主观偏差，使得在缺乏制约的情况下侵权行为的发生带有某种必然性，为此，人权保障制度对行政权给予更为严格的限制，要求其依法行政，即行政权对于公民权利和义务的介入必须依据既定的法律，在无法律规定的场合不允许行政权有任何作为。

再次，人权保障是法治国家的本质要求。现代社会给予每个公民的"机会均等"是以承认和保护各自所拥有的社会资源差异的合理性为前提。这样，如果仅仅满足于强调"公民在法律面前一律平等"，即承认无差别的个人，就可能会使每一个公民彼此间因原有的物质条件的不同，而在最终所获得的利益上显现出较大的距离。所以，法治国家并不满足于抽象地谈论法律上的人人平等，用形式上的平等去消除社会中的不平等现象，而是强调需要社会帮助的个人。对于需要社会援助的个人提供援助，是一种制度优越的表现。

二战后人权保障成为宪法的首要价值，人权保障的方式发生了转变：即宪法成为人权的第一保障法，具体而言，这种变化体现在两个方面：第一，由政治保障进入司法保障。在宪法成为人权的第一保障法后，宪法更加强调司法对立法的制衡，以期落实人权的宪法保障。现代国家普遍设立违宪审查制度，就是司法保障的具体呈现。第二，由"针对行政的保障"到"针对立法的保障"。"针对立法的保障"要求的是通过违宪审查制度保证立法权不侵害公民的权利，其实质是防范多数决原理指导下的多数决定可能对少数人权利的侵犯。另外，还应当建立违宪的司法审查制度，使公民能够直接以宪法作为维护自己权利的依据。因此，除了修改行政诉讼法以外，最重要的还是公民应当通过违宪审查制度，通过司法途径来保护公民的权利。

公民住房权包含于社会权权利体系之中，其伴随着人权理论产生和发展起来。因此，住房权的实现离不开国家和政府的切实保障和义务的积极履行。人权具有普遍性的特征,从普遍人权的角度来看,住房权作为公民的一项基本人权是人人都应当无差别享有的权利。这一权利内容也要求公民无论其经济状况的优劣和社会地位的高低都应当享有拥有自己住房的权利。但是现实中往往存在低收入者在经济上处于"弱势群体"的地位,不具有单凭一己之力而获得住房的能力。因此,"住宅权相对于他们而言主要是一种公法上的权利,即以政府作为相对人而享有的权利"[①]。国家和政府有责任也有义务根据本国的国情采取适当的措施来积极地帮助人们来实现其住房权。社会的低收入阶层也有权利要求获得政府和社会的保障,以便能够获得适足和支付得起的住房,从而使其住宅权由应然的权力转化为实有的权利。在公民应当享有的住房权无法实现或者遭受侵犯时,如果采取司法途径进行权利的救济,就可以有效地保障公民的基本人权。因此,对住房权进行司法保障,赋予公民一定的司法救济途径,是人权保障的基本要求。

我国由于受几千年封建统治的影响,中央集权意识极端浓厚,"君权神授"思想占着统治地位,社会个体成员往往并不被视为权利主体,皇权及统治阶级的权利则被摆在至高无上的地位,长期以来形成了"重权力、轻权利"的思想观念,法治观念淡薄,人治思想严重。在人治观念的影响下,行政机关"治民"、"防民"思想严重,偏重权力,公民的主体观念、平等思想淡薄,偏重强调承担义务,个人权利本位价值观没有树立。特别是中国传统文化崇尚中庸之道,导致人们忍让意识强,权利意识弱,诉讼意识差,法制观念淡薄,缺乏维权意识。与此同时,由于我国长期实行计划经济体制,在这种体制下,形成了国家至上、国家中心、国家意志决定一切的国家本位观念,也进一步加剧了国家权力的扩张。在民主相对缺乏的情况下,公民的权利往往被忽视,公民也往往缺乏权利主体意识,并不关心自己的权利。

在人权理论日益发展的今天,就要求我们必须切实保证公民的基本人权,同时还能在一定程度上限制国家权力的滥用。对于住房权的司法

[①] 孙宪忠、常鹏翱:《论住宅权的制度保障》,载《南京大学法律评论》2001年秋季号。

第2章 公民住房权司法保障概述

保障,可以有效督促国家履行实现公民住房权的义务,防止权力滥用对公民住房权的侵犯。

2.2.2 法律依据

一个社会的现实秩序都是通过一定方式分配权利、义务而形成的既定状态。而各个社会阶层或者社会成员都希望自己能够得到利益的最大化,因此就会竭尽所能去追求这种利益最大化。在这种逐利性的具体表现中,就难免会发生社会与个人之间、集体与个体之间的利益冲突关系。权利的冲突也存在于权利与权利之间以及权利与义务之间。实际上,任何一种现实的权利体系都是各种利益相互交织的有机统一体。其中,各种利益需要、各种权利错综复杂充满着矛盾或冲突。为了维护社会秩序的稳定,就必须要对这种冲突进行协调与解决,权利冲突的解决过程在一个环节上就是对各种利益的选择和保护与否以及如何保护的价值再选择、再评价的过程。而救济权的行使,就是解决权利冲突的重要途径。实际上,权利不仅受制于社会的政治、经济、文化等多种客观条件,而且会受到各方面的侵扰。当权利受到了侵犯,必然需要救济。当实体权利受到侵害时,可以从法律上获得自行解决或请求司法机关及其他机关给予解决的权利。救济权的产生必须以原有的实体权利受到侵害为基础,而反过来,当权利受到侵害,也必然需要通过救济使之得以恢复或实现。救济权是一种复合权利,是一系列权利的总称。救济权也是一种基本的宪法权利,其对于权利的保障至关重要。如果没有救济权,权利就没有任何意义,也就根本上谈不上有什么保障可言。

权利救济追求的目标是使受冲突或纠纷影响的合法权利及法定义务能够实际地得到实现和履行。换言之,救济追求的目标要么使权利主体的权利得到实现或者使不当行为所造成的损害得到一定补偿,要么使未履行的义务得以履行。这个过程是正当地分配利益或不利益的过程,并且要通过这种分配达到理想社会秩序的目的。所以,权利救济符合正义的要求,正义是权利救济追求的重要价值。一方面,正义是建立和完善权利救济机制的目标或取向,是评价救济机制的价值标准;另一方面,正义引导和约束着权利救济过程,也是权利人发动救济程序的重要动力。在欧洲中世纪,国家为其社会成员的权利提供的救济是与身份等级密切相关的,即权利的不平等泛化为救济的不平等。随着欧洲大陆"普通法"的出现,市民阶级在要求实体权利(主要是私权)平等的同时,也发出了"救济平等"的呼喊。资产阶级革命之后,欧洲大陆国家在建立平等的权利体系同时,也创立了与之相适应的平等的救济体系。[①] 而在现代社会,居于权利体系中的实体权利与程序化的救济权利已成为两种彼此相依的权利实体。在英美国家,"没有救济就没有权利"早已成为妇孺皆知的大众法谚。救济不仅是当实体权利发生纠葛时为其提供解决纠纷或冲突的途径,而且,由于存在实体权利的可诉性而使得实体权利的合法实现或使实体义务的普遍的履行成为可能。《世界人权宣言》第8条就规定:"任何人当宪法和法律所赋予他的基本权利遭受侵害时,有权由一个合格的国家法庭对这种侵害行为作有效的补救。"

宪法是公民权利的保障书,公民权利的宪法地位、有关规定的详尽性及开放性,以及其法律效力,均为达到落实基本权利的理想效果的关键所在。但是,如果不实际建立机制去保障基本权利,那么有关权利便不能从纸张上落实到宪法所规定的实际情况中。因此,宪法需要保障公民权利的司法救济权。现行宪法在已经预计到法律、行政法规、地方性法规等可能违反宪法的情况下,主要是从保障宪法秩序、维护法制统一的角度,就法律、行政法规、地方性法规,以及其他规范性法律文件的合宪性的监督和审查问题做出了规定,而没有从为公民宪法权利提供宪法救济的角度进行规定。从现行宪法所确立的救济模式来看,其仅仅涉及法律规范性文件的积极侵权,而对于尚未被法律具体化的宪法权利没有规定救济措施。在我国法律并不完备的现阶段,救济此类权利显得尤为重要。对基本权利的救济主要有宪法上的救济和普通法律上的救济这两种方式。宪法上的救济主要是通过宪法监督制度,即违宪审查制度、宪法诉讼制度以及宪法的司法化等来实现的,而普通法律上的救济则主

---

① 程燎原、王人博:《权利及其救济》,山东人民出版社2004年版,第368~369页。

第2章 公民住房权司法保障概述

要是通过刑事诉讼、民事诉讼和行政诉讼以及非诉讼救济的途径来实现的。就我国目前的情况来看,在对基本权利依靠普通法律上的救济方面还是比较的完善,但是在宪法上的救济方面则是相当的落后。我国的宪法诉讼制度还没有建立起来,宪法的司法化也仅仅是刚刚开始。因此,完善我国宪法上的救济制度,从制度层面确保公民救济权的实现已是当务之急。

住房权是公民的一项基本需求,国家负有保障公民住房权的义务。当国家违反住房权义务,或者侵犯公民住房权,公民应当可以获得司法上的救济。从世界各国来看,对于侵犯消极住房权的情况公民享有司法救济权是毋庸置疑的,比如非法搜查、非法侵入等,自然有较为完备的司法救济途径来进行保障,但是对于积极住房权的司法救济,仍然还存在争论。按照权利救济理论,并不因为原权利是积极权利或者消极权利而判断是否能够救济,只要是公民依法享有的权利,国家或者其他组织和个人就承担保障这些权利顺利实施或者不侵犯这些权利的义务,如果违反相应的义务,当事人自然有权利行使司法救济权来维护自己的合法权益。尽管积极住房权是一种积极的社会权利,它的实现需要由大量的社会资源作保证,国家不可能立即对这种权利进行保障,只能逐渐予以实现,同时住房权还具有不确定性,但是法院仍然可以判断国家是否违反了住房权义务,司法机关对法律没有充分保障的住房权的救济,是司法机关法律解释职责的延伸,司法机关宪法解释本身也是将宪法具体化的一种途径,这一点也体现在司法机关对其他宪法权利的救济上,所以由拥有宪法解释权的司法机关对立法进行暂时的补充是有正当性的。

因此,对公民住房权进行司法保障,是为了能够解决公民住房权与国家利益间的冲突,使公民的住房权得到实现或者使不当行为侵犯住房权造成的损害得到一定补偿,督促国家履行未履行的义务。从而能够正当地分配社会住房利益,达到稳定社会秩序的目的。无论是积极住房权还是消极住房权,都可以进行司法救济,这是司法救济权的生动体现,也是我国宪法司法化的需要。

2.2.3 现实依据

住宅权是公民作为人所必须享有的一项基本权利。从世界各国公民住宅权的保障实践来看,其并不是为社会的高收入阶层而是为社会的低收入阶层尤其是为那些凭借自己的收入难以拥有自己居所的阶层所提出的权利。住宅权的概念中蕴含着一种"居者有其屋"的政府愿望,但是由于我国受人口众多、土地资源有限、经济相对落后等现实条件的制约,公民住房短缺状况一直是国家和人民所关注的一个社会问题。"从客观上来看,要实现住宅权,不仅需要居民的自我努力和政府的住房扶助,还需要采取法律制度保障措施,即确定住宅权的法律地位、内容、行使和保护,只有这两者的紧密结合,才能实现住宅权,使该权利具有真实性。"①

在中国,住房问题作为最基本的民生问题一直为党和政府所关注。改革开放初期,经济迅猛发展,也使得城镇住房供给不足,政府当时的住房政策主要是尽快增加住房供给,对那些没有住房的家庭也只是采取一些简单的安置办法,而没有专门的政策加以引导,更谈不上有关这方面的研究。进入20世纪90年代后,住房问题已经成为我国刻不容缓需要解决的社会问题,为此国务院提出要建立和完善以经济适用住房为主的多层次城镇住房供应体系,最低收入家庭租赁由政府提供的廉租住房,中低收入家庭购买经济适用住房,其他收入高的家庭购买、租赁市场价商品住房这样一种基本制度。但是由于缺乏公共住房法律、法规的引导,住房价格一涨再涨,已经远远超出了广大市民的购买能力。

从目前城镇居民的住房保障状况来看,我国公民住房权保障工作中还存在着许多制度层面上的不足。当前我国政府的住房保障仍然处于一种管理混乱的无序状态之中。我国目前所推行的城镇经济适用房制度、廉租房制度、住房补贴制度、住房合作社制度以及住宅金融制度等住房保障制度中还存在着诸多方面的缺陷和不足。许多住房保障政策、制

---

① 孙宪忠、常鹏翱:《论住宅权的制度保障》,载《南京大学法律评论》2001年秋季号。

第2章 公民住房权司法保障概述

度还不具有法律、法规层面上的效力,中央和地方政府所制定的住房保障标准也还难以统一。特别是我国公民的住房权无论是在政府和人们的意识之中还是在立法之上都未真正确立起来。目前,公民住房权还没有能够得到作为国家根本大法的宪法予以宣告和确认。普通大众也尚未具有住房确保的权利意识,同时,政府也没有将保障我国公民住房权利的实现提高到国家的法律责任和义务的层面上来。因此,随着我国住房制度改革的进一步推进以及住宅商品化的进一步发展,住房保障制度的种种弊端逐渐显露出来,城镇居民的住房问题也就越发严重。尤其是近几年,我国城镇房价增幅迅猛,人们的住房需求与房价高居不下的矛盾日益激化。目前我国房地产市场上的商品房价格与城镇居民的人均可支配收入的差距也越来越大,远远超过了联合国人居中心所规定的合理比率。此外,因为对住房权的重视不够,实践中存在很多粗暴侵犯公民住房权的案例,越来越受到学者与舆论的抨击。因此,住房权问题日益成为当代中国社会的热点问题,也是我国政府不得不面对的一个政策性和法律性的难题。对住房权进行司法保障,可以弥补现有社会保障以及政策的不足,符合我国现实的需要。

2.3 公民住房权司法保障的历史沿革

住房权并不是一开始就有的,而是经过漫长的历史发展过程。根据目前较为普遍的三代人权理论,第一代人权主要包括近代宪法中的人身自由、精神自由等方面的自由权,第二代人权则主要是指社会权,而第三代人权则是反对殖民主义压迫的民族解放运动中所提倡的各种权利。住房权作为一种社会权利,自然属于二代人权,是近几十年才逐渐发展起来的一个基本人权概念,它经历了政府无责任、政府仅承担道义责任、承担法律责任的演进过程。因此研究公民住房权的司法保障,必须要对其历史沿革进行了解。

2.3.1 积极住房权司法保障的历史沿革

在西方法制史上,对住房权的积极保障有一个漫长的发展过程。虽然罗马法时代,就已经确立了对住房的财产权保护制度,并以供奉神灵的缘故,未经主人允许,任何人不许侵入私人住所,但国家并无给私人提供住所的责任,自食其力是实现住房权的基本原则。在当时,"居者有其屋"仅仅作为一种社会理想而被人们所传播,其还远未进入具有可操作性的法律层面。因此,当时的住房权只是一种消极权利,它只能要求国家"不能做什么",亦即要求国家不能非法侵入公民的住房,而不能要求国家主动"做什么",亦即不能要求国家为公民提供住房。随着经济的发展,人类文明的进步,这种只为有房者提供法律保障的住房制度越来越显得不合时宜。大量涌入城镇的公民不可能都凭借自身的能力解决住房问题,流浪街头的人员日益增加,造成了严重的社会问题。为了确保公民居有定所,资本主义国家开始对住房市场进行干预。早在19世纪80年代,英国就制定了世界上第一部解决城市住房问题的法律《住房法》,并开始兴建政府公房,以低租金出租给城市贫民。1915年英国政府又制定了《租金法》对租金水平进行干涉。20世纪30年代,美国处于经济萧条时期,失业人数攀升,许多人居无定所。于是美国政府确立了公共住房政策。1934年,美国国会通过了《国家住房法》,1937年又通过了《公共住宅法案》,成立了联邦平民房屋建设总处,负责向地方政府提供公共住房方面的补贴。①

西方法学思潮的这一重大变化以及各项基本制度在20世纪50年代就开始陆续介绍和引进中国。在当时,有学者系统介绍了英国伦敦整顿贫民窟的办法以及一战期间和战后通过的Addisons住宅法(1919年)、张伯伦住宅法(1923年)、Whiteley住宅法(1924年)、工党的公共住宅政策、法国的家屋改良法制(1894年)、家屋免税制度、劳动者住宅法(1923年)、德国对私人建筑房屋的鼓励与援助制度等。住房权观念逐渐在我国传播并对当时的立法产生了积极的影响。②

二战以前,尽管一些西方发达国家对公民的住房提供了一些保障,

---

① 任启方:《我国城市中低收入人群居住保障体制研究》,参见 http://www.boraid.com,最后访问时间为 2008-04-03。
② 张群:《民国住宅权保障的启示》,载《政治与法律》2008年第2期。

第2章 公民住房权司法保障概述

但其仅仅是政府解决社会危机的应对之策,还未将其提升到"基本权利"的高度。二战以后,基于人格尊严的保障,人类开始重新评价住房问题。1946年《世界人权宣言》第25章第1款规定:"人人有权享有为维持他本人和家庭的健康和福利所需的生活水准,包括食物、衣着、住房、医疗和必要的社会服务。"正式提出了住房权的概念。1966《经济、社会和文化权利国际公约》更是进一步明确规定:"人人有权为他自己和家庭获得相当的生活水准,包括足够的食物、衣着和住房,并能不断改进生活条件。"上述两个国际《人权公约》将传统消极意义上的住房权提升为现代积极意义上的住房权,这无疑向所有的缔约国施加了保障"居者有其屋"的国际法义务。据此,所有签署并批准上述两个国际《人权公约》的国家必须采取适当的步骤保证公民能够享有住房权。因此,在现代社会,国家不仅不能非法侵入公民的住房,而且还负有宪法义务为公民提供最基本的住房。1991年联合国经济、社会和文化权利委员会通过了《关于获得住房权的第4号一般性意见》。该国际法文件指出:是否适足取决于社会、经济、文化、气候、生态及其他因素,同时,委员会提出了一个积极住房权的最低标准。这个最低标准包括如下七个方面:(1)使用权的法律保障。使用权的形式包罗万象,但不论属于何种形式的使用权,所有人都应有一定程度的使用保障,以保证得到法律保护,免遭强迫驱逐、骚扰和其他威胁。缔约国则应立即采取措施,与受影响的个人和群体进行真诚的磋商,以便给予目前缺少此类保护的个人与家庭使用权的法律保护。(2)服务、材料、设备和基础设施的提供。一幢合适的住房必须拥有卫生、安全、舒适和营养必需之设备。所有享有适足住房权的人都应能持久地取得自然和共同资源、安全饮用水、烹调、取暖和照明能源、卫生设备、洗涤设备、食物储藏设施、垃圾处理、排水设施和应急服务。(3)力所能及。与住房有关的个人或家庭费用应保持在一定水平上,而不至于使其他基本需要的获得与满足受到威胁或损害。各缔约国应采取步骤以确保与住房有关的费用之百分比大致与收入水平相称。各缔约国应为那些无力获得便宜住房的人设立住房补助并确定恰当反映住房需要的提供住房资金的形式和水平。按照力所能及的原则,应采取适当的措施保护租户免受不合理的租金水平或提高租金之影响。(4) 乐舍安居。适足的住房必须是适合于居住的,即向居住者提供足够的空间和保护他们免受严寒、潮湿、炎热、刮风下雨或其他对健康的威胁、建筑危险和传病媒介。居住者的身体安全也应得到保障。(5) 住房机会。须向一切有资格享有适足住房的人提供适足的住房。必须使处境不利的群体充分和持久地得到适足住房的资源。例如老年人、儿童、残废人、晚期患者、人体免疫缺陷病毒阳性反应的人、身患痼疾者、精神病患者、自然灾害受害者、易受灾地区人民及其处境不利的人群。应该使得上述人群在住房方面得到一定的优先考虑。住房法律和政策应充分考虑这些人群的特殊住房需要。(6) 居住地点。适足的住房应处于便利就业选择、保健服务、就学、托儿中心和其他社会设施的地点。在大城市和农村地区都是如此,因为上下班的时间和经济费用对贫穷家庭而言是一个极大的负担。同样,住房不应建在威胁居民健康权利的污染地区,也不应建在直接邻近污染的发源之处。(7) 适当的文化环境。住房的建造方式、所用的建筑材料和支持住房的政策必须能恰当地体现住房的文化特征和多样化。促进住房领域的发展和现代化的活动应保证不舍弃住房的文化传统,同时还应确保具有适当的现代技术设施。

  由此可见,联合国经济、社会和文化权利委员会对适足住房权的内涵进行了详尽的界定。此外,世界法学界也对适足住房权的内涵进行了广泛的探讨,并提出诸多标准。美国学者在研究适当住房权时,指出住宅的标准应有广义上的考量,不宜只用居住面积单个指标。适足住房权的内涵应从五个方面来衡量。此一标准称之为"五 C"标准。[①] 此一标准的具体内涵为如下几个方面:(1) Cost(房价)。房价应和家庭收入挂钩,对此,应以"相对房价",而不应只以绝对房价作为指标。一般而言,住房开支(支付购房贷款、房地产税、物业管理费等)占家庭收入的 25% 是国际常规。适当住房的房价可依此标准确定。(2) Condition(标准)。

[①] 张庭伟:《实现小康后的住房发展问题——从美国 60 年来住房政策的演变看中国的住房发展》,载《城市规划》2001 年第 4 期。

第 2 章 公民住房权司法保障概述

人均面积、装修水平、设备配置都是衡量住房标准的指标。该标准的确定必须考虑一个国家的具体国情,过大的面积不宜在中国提倡。在缺水的城市,每套住宅有两个卫生间没有必要。但良好的厨房、热水、取暖、空调设备是适当住房必不可少的设施。(3) Crowding(拥挤度)。一般而言,平均每间住 1.5 个人以下是合理的居住密度。(4) Community Facilities(社区实施)。良好的住宅不能脱离良好的社区。在中国的一些农村地区,我们看到豪华的单栋住宅,院内甚至用大理石铺地,但是走出院门,村里却是泥泞的小路。根本无小区环境可言。良好的社区设施不只是中心绿地、广场喷泉加上仿洋雕塑,而应是可用的、便民的、鼓励居民交往的、富有文化内涵的多样设施。这些设施最好自下而上让居民自己选择,自己培育,而不是自上而下地由设计者去臆造包办。(5) Control(自治)。良好的社区来自于居民的主人翁意识。新的政策要鼓励、培育居民自治自管,让"社区搭台、居民唱戏",而不是靠政府操办。

2.3.2 消极住房权司法保障的历史沿革

肇始于古罗马民法的住房权,其通过赋予具有特殊关系民事主体一定的法律义务,从而达到保障一部分弱势群体的住房权。然而,对于国家而言,其不需要承担任何法律义务来保障公民"居者有其屋"。因为当时人们普遍认为"衣食住行"都是公民个人的私事,国家不能也不应对之进行干涉。因此,近代宪法所规定的住房权均仅具有消极的性质,亦即国家只是对公民已有的住房进行保护,宪法仅仅是保护有房者的住房权。

消极意义上的住房权被列入宪法保护,最早始于 1628 年英国的宪法性文件。《权利请愿书》中第 3 段规定:"近来更有大批海陆军队,散驻全国各地,并违反居民意志,强迫居民接纳住入其家,忍受其长期驻扎,既有悖于王国之法律与习惯,且使民不堪命。"可见,英国宪法所规定的住房权所针对的是军队随意进入民众住宅。1791 年美国《宪法修正案》第 3 条规定:"未经房主同意,士兵平时不得驻扎在任何住宅;除依法律规定的方式外,战时也不得驻扎。"第 4 条规定:"人民的人身、住宅、文件和财产不受无理搜查和扣押的权利,不得侵犯。除依据可能成立的理由,以宣誓或代宣誓保证,并详细说明搜查地点和扣押的人和物,不得发出搜查和扣押状。"此一宪法条文将住房权纳入正当法律程序原则所适用的范围。1848年《法国宪法》第3条规定:"凡居住在法兰西领土上的公民,其住宅不得侵犯,除非遵照法律规定的手续,不得侵入公民住宅。"1919年的德国《魏玛宪法》第115条规定:"德国人民住宅为其自由居处,不得侵犯,其例外应依法律为之。"此一宪法条文在住房权领域确立了法律保留原则。

在近代住房权保障的宪法进程中,有两件事常常被人们所津津乐道。第一件事情是有关住房权的一句著名格言。18世纪中叶,英国前首相威廉·皮特发表的一次演讲中说:"即使最穷的人,在他的寒舍里也敢于对抗国王的权威。风可以吹进这座房子,雨可以打进这所房子,房子甚至在风雨中飘摇,但国王不能踏进这所房子,他的千军万马不能跨进这间破损门槛的破房子。"[1]这一著名格言表明:[2]虽然公民住所的物理功能完全丧失了,但它的法律功能却依然坚如磐石,连掌握最强大暴力的国王也不能越雷池一步。[3] 私人住宅是每个公民的城堡,最贫穷的人也可以在他的小屋内蔑视王权。第二件事情则是德国版的"最牛钉子户"。在19世纪七八十年代,号称"军人国"的普鲁士国王威廉一世在距离柏林不远的波茨坦修建了一座行宫。紧挨着一座磨坊挡住了宫殿的视线。威廉一世想买下这座磨房,但这个磨坊主拒绝了威廉一世的请求。威廉一世一气之下派警卫把磨坊给拆了。第二天,磨坊主提起了诉讼。结果,法院判决威廉一世败诉,要求后者必须"恢复原状",赔偿由于拆毁房子造成的损失。后来,磨房主去世,小磨房主想把磨房卖掉,就

---

[1] 刘军宁:《风能进、雨能进、国王不能进!——政治视野中的财产权与人类文明》,载《自由与群社》,三联出版社1998年版,第138~162页。
[2] 与此一格言相映成趣的是美国联邦最高法院在 Miller v. United States 一案中的判词:"私人住宅是每个公民的城堡;最贫穷的人也可以在他的小屋内蔑视王权。"
[3] 欧爱民:《立宪主义语境下对我国宪法权利属性的考问》,载《法学评论》2006年第2期。

第 2 章　公民住房权司法保障概述

写信给威廉二世。但威廉二世委婉拒绝了他的请求,并回信道:"我亲爱的邻居,来信已阅。得知你现在手头紧张,作为邻居我深表同情。你说你要把磨坊卖掉,朕以为期期不可。毕竟这间磨坊已经成为我德国司法独立之象征。理当世世代代保留在你家的名下。至于你的经济困难,我派人送去三千马克,请务必收下。如果你不好意思收的话,就算是我借给你的,解决你一时之急。你的邻居威廉二世。"①

西方国家之所以如此重视住房权的保障,乃是因为住房被普遍视为公民自由的坚强堡垒。也正是基于此点考虑,二战以后,国际上一系列的人权公约均浓墨重彩地规定了消极意义的住房权。1948 年《世界人权宣言》第 12 条规定:"任何人的私生活、家庭、住宅和通信不得任意干涉,他的荣誉和名誉不得加以攻击,人人有权享受法律保护,以免受这种干涉或攻击。"1966 年《公民权利和政治权利国际公约》第 17 条规定:"任何人的私生活、家庭、住宅或通信不得加以任意或非法干涉,他的荣誉和名誉不得加以非法攻击。""人人有权享受法律保护,以免受这种干涉或攻击。"《欧洲人权公约》第 8 条规定:"(1)人人有权使自己的私人和家庭生活、家庭和通信得到尊重的权利。(2)公共机构不得干预上述权利的行使,但是,依照法律规定的干预以及基于在民主社会中为了国家安全、公共安全或者国家的经济福利的利益考虑,为了防止混乱或者犯罪,为了保护健康或者道德,为了保护他人的权利和自由而有必要进行干预的,不受此限。"

我国宪法历来注重对消极住房权的保障,从 1949 年的《共同纲领》至 1982 年的《宪法》都有关于消极住房权的保护性条款。《共同纲领》第 5 条:"中华人民共和国人民有思想、言论、出版集会、结社、通讯、人身、居住、迁徙、宗教信仰及示威游行的自由权。"1954 年《宪法》第 90 条:"中华人民共和国公民的住宅不受侵犯,通讯秘密受法律保护。"1975 年《宪法》保留了 1954 年《宪法》第 28 条,将人身自由和住宅不受侵犯

---

① 《风能进,雨能进,国王不能进:世界著名的"钉子户"》,参见 http://hi.baidu.com/dingo8282/blog,最后访问时间为 2009 – 1 – 19。

同置于第 2 款。此一宪法条文规定:"公民的人身自由和住宅不受侵犯。任何公民,非经人民法院决定或公安机关批准,不受逮捕。"1978 年《宪法》继承了 1975 年宪法的立法例。该宪法第 47 条规定:"公民的人身自由和住宅不受侵犯。"现行 82 年宪法仍然强调对消极住房权的保障,第 39 条规定:"中华人民共和国公民的住宅不受侵犯。禁止非法搜查或者非法侵入公民的住宅。"为了落实我国现行宪法有关住房权的基本规定,我国通过立法建构起一套较为完备的法律制度。《刑法》第 245 条规定:"非法搜查他人身体、住宅,或者非法侵入他人住宅的,处三年以下有期徒刑或者拘役。司法工作人员滥用职权,犯前款罪的,从重处罚。"

第3章　公民住房权司法保障的域外考察

"无救济即无权利",公民的住房权如果得不到有效的司法救济,其无法从"纸面上的权利"转变为"行动中的权利"。为此,西方法治发达国家均通过立法建构起较为完备的公民住房权司法保障制度。对于积极住房权,首先通过违宪审查制度来检验住房保障性立法是否符合宪法的要求,其次,通过具体的行政诉讼来遏制国家侵害公民积极住房权的行为,并为公民的积极住房权提供法律救济。对于消极住房权,西方发达国家通过事先的令状制度和事后的非法证据排除规则双重途径构建起一个较为完备的司法保障制度。与域外公民住房权司法保障的理论与实践相比,我国仍然存在许多缺陷与不足。而且,公民住房权在西方法治发达国家的发展具有相当的历史,也出现了大量的判例,具有一定的合理性。因此,有必要对域外的公民住房权司法保障的理论与实践进行考察与比较,以便对我国公民住房权司法保障的完善提供借鉴。

3.1　对积极住房权的司法保障

在西方发达国家,积极住房权的司法保障包括两方面的含义:一是宏观方面的宪法诉讼。在现代社会,大多数国家均建立了宪法诉讼制度,各国的宪法诉讼机关也凭借此制度在法律体系中注入了"良法"的因素。具体到积极住房权而言,立法者所制定的住房保障性制度应符合法治原则,否则,被质疑的法律就存在违宪的嫌疑,需要重构。二是微观方面的可诉性问题。在大多数国家,虽然可以通过宪法诉讼来撤销侵犯公民积极住房权的法律,但是违宪法律的被撤销,并不一定能给普通民众带来具体的权益,这就涉及积极住房权的可诉性问题。此一问题的关键是普通民众能够以积极住房权受到侵害向法院起诉要求其判决政府为其提供最基本的住房。对此,大多数国家予以否认,不过随着人权保障制度的完善,国家财力的增加,越来越多的国家承认在一定情形下,积极住房权具有可诉性。

3.1.1 积极住房权与宪法诉讼制度

在建立宪法制度的国度里,只要法律涉嫌违背宪法,相关当事人就可以申请违宪审查。在涉及积极住房权的违宪案件中,司法机关就可以从形式问题与实体问题两个方面对相关法律进行审查。所谓形式问题是指不直接涉及公民基本权利的宪法问题。在解决形式问题时,违宪审查机关一般采用"个案法律之禁止原则"、"法律不溯及既往原则"、"法律明确性原则"、"法律保留原则"、"正当程序原则"、"制度性保障原则"判断系争法律条文是否违宪。所谓实质性问题是指直接涉及公民基本权利的宪法问题。在解决实质问题时,违宪审查机关一般采用"不当联结立法之禁止原则"、"比例原则"、"平等保护原则"、"核心内容保障原则"判断系争法律条文是否违宪。[①] 上述两结构分析法由于内容相当庞杂,在此不再赘述。下面结合具体的宪法实践,阐述世界各国违宪审查机关对积极住房权案件的基本审查态度。

3.1.1.1 立法裁量论

立法裁量包括两个方面的内容:一是,立法者关于法律内容具有决定权,亦即立法内容的裁量;二是立法者关于是否立法的决定权,亦即立法制定的裁量。[②] 所谓立法裁量论,是指基于民主与本身审查能力的考虑,法院对属于立法机关立法裁量范围内的事项不能对之进行司法审查,而应尽力迎合立法机关所做出的判断。立法裁量论是宪法判断回避

[①] 欧爱民:《宪法实践的技术路径研究——以违宪审查为中心》,法律出版社2008年版,第5~8页。

[②] 汪台大:《立法裁量与司法审查》,参见 http://www.license.com.tw/lawyer/learning/thesis,最后访问时间为 2009 – 1 – 18。

原则在宪法实践中的具体体现。具体到积极住房权领域而言,宪法规定的积极住房权只是宣示了国家在法律上的政治性与道德性义务,它的实现要以国家的经济状况及其财政预算为基础,国家采取何种保障措施或如何在行政上将其加以具体化,均应委任于立法裁量,它是否能得以保障,在多大程度得到保障则完全借凭立法裁量。例如,在日本的掘木诉讼中,日本法院认为,宪法虽然宣告了国家应该努力致力于社会立法与公共设施的创设等职责,但是却不负有实际的义务,这取决于立法者的裁量。只有在极为个别的情况下,例如,国家对处于最低生活保障线之下的老弱病残或者是无生活能力的人置之不理,忽视其人性尊严等最低宪法要求时,国家的行为才可能构成宪法上的立法不作为。之所以在积极住房权领域,适用立法裁量的理论,其原因有二:①

1. "判断结果合理"说

该观点认为,积极住房权作为一种国家给付,其是否需要给付,怎样给予,应该听任立法者的判断,这是因为国会在此领域所做出的判断要比法院的判断合理些,因此,法院应该尊重国会的判断结果,而不能对之动辄加以指责。该学说可进一步分为"基于资料"说和"基于政策判断力"说两种观点。"基于资料"说认为,任何决策必须建立在大量有效的信息基础上,在住房保障方面的立法也莫如此。一般而言,与法院相比较,对于房地产市场、公民的住房情况、国家的财力等,国会掌握着更大的信息来源,其能收集到更为广泛,更为正确的资料,因此,其做出的判决结果自然就更为合理、科学些。所以,在大多数情形下,法院应该尊重立法机关在住房保障方面的法律规定。"基于政策判断力"说认为,在积极住房权领域,在制定具体法律措施的过程中,需要全方位地考虑整个社会经济,洞察各种利害得失,全面权衡经济关系与社会关系。因为国会具有大局视角的综合性政策判断力以及专门技术性政策判断力,往往能够得出较为合理的判断结果,如此一来,承认立法裁量论便是理所当然了。

---

① 杨建顺:《公共选择理论与司法权的界限》,载《法学论坛》2003年第3期。

2."基于民主的过程"说

该观点主张,国会的判断是民主过程的一环,而法院的判断是脱离这种过程的,因此,由法院来判断具有民意基础国会所立之法,不可避免地存在"反民主多数"的原罪难题,为了缓和此一难题,法院必须尽可能顺从立法者,不能处处与之作对。就此而言,基于尊重民主的考量,法院应该尊重国会的判断结果。"基于民主的过程"说包括"基于偏好反映"说和"基于政治责任"说。"基于偏好反映"说认为,国会议员存在再次当选的压力,因此判断结果一般反映国民多种多样的偏好,并现实地回应该要求,而法院在司法独立的保障下,其没有民主的压力,其司法判断不被要求反映国民的偏好。因此,就尊重民主而言,法院不能对立法机关在住房权领域所做出的判断进行审查。"基于政治责任"说则主张,关于国会给予的判断结果(立法),各议员要对国民承担政治责任,即违背国民的偏好而行动的议员乃至其他公务员都将在下次选举中被排除;而对于自己所做出的判断结果(判决),各法官却不承担政治责任。因此,对立法的监督之最好途径是选举而非司法,基于此,司法机关应对住房权方面的立法保持应有的尊重,而非抢在选民之前就对之进行了司法判断,从而在一定程度上堵塞了民主的发挥作用的渠道。

当然,立法裁量论在最大程度上顺从立法者在积极住房权领域所做出的判断,但也并不意味着司法机关在此领域是毫无作用的。因为任何自由裁量是有限度的,按照明显违宪原则,如果立法者的立法裁量之违宪情形达到明显且严重的地步,任何有理性的人均不认同之,则立法裁量论也允许法院撤销如此滥用立法裁量权的法律。

3.1.1.2 合理审查基准

立法裁量论是大陆法系国家在社会、经济、文化权利保障领域所适用的审查基准,而在南非、加拿大等国家,则在积极住房权领域适用合理性审查基准。南非现行宪法第 26 条对住房权做了详尽的规定:(1)任何人都有权获得足够的住房;(2)国家必须在其可利用资源的范围内采取合理的立法和其他措施逐渐达到这项权利的实现;(3)任何人都不得被从其住宅中驱逐,在没有获得法院在考虑所有有关的情况后发布的命令

第3章　公民住房权司法保障的域外考察

之前,任何人都不得毁坏他人的住宅,任何法律都不得允许随意将人们从其住宅中驱逐。在宪法实践中,南非宪法法院通过一系列宪法判决,确立了审查国家是否在其可利用的资源范围内用尽了逐渐实现义务的方法——合理性标准。宪法法院认为,判断国家是否履行了第26条第2款所施加之积极义务的"关键问题是,国家采取的立法和其他措施是否合理"。符合合理性标准的情形包括:采取的政策是全面而协调的,它即使只能逐渐实现也至少能够促进权利的实现,政策比较平衡、灵活并且没有把社会的一个重要部分排除在外,它回应了那些处于最令人绝望情形下的人的紧急需要。在一个具体的宪法案例中,宪法法院认为,尽管政府所采取的政策满足了合理性标准的其他要求,但它仍然是不合理的,因为它只关注了中期和长期的住房需要,却没有为那些"具有极度需要的人"提供短期的、临时性的救济措施。因此,南非宪法法院宣布,国家住房政策不符合《宪法》第26条第2款,因为"它在其可利用的资源范围内没有为开普都市区那些没有土地、没有住房并且生活在不能忍受或者处于危机状况中的人提供合理的帮助"。法院命令政府采取行动履行第26条第2款所施加的义务,这些义务包括设计、资助、实施并且监督旨在为那些具有极度需要的人提供救济的措施。①

3.1.1.3　平等保护原则

在美国,包括积极住房权在内的所有社会权至今还未上升到宪法权利的层面。在联邦最高法院的判决中,几乎从未出现援引宪法条款来认可公民福利权的情况。例如,在林赛诉诺麦特一案中②,联邦最高法院认为政府没有提供一定质量住房的宪法性义务。在拉维恩诉米尔恩一案中③,联邦最高法院认为社会福利不是基本权利,也不是州或联邦政府的宪法义务。在德宣妮诉温尼贝戈一案中,联邦最高法院认为正当程序条款通常不包含要求政府援助的积极权利,即使这些援助对于社会保

---

① 黄金荣:《司法保障经济和社会权利的可能性和限度——南非宪法法院格鲁特布母案评析》,载《环球法律评论》2006年第1期。
② Lindsay v. Normet, 405 U.S. 56, 74 (1972).
③ Lavine v. Milne, 424 U.S. 577, 585 n.9 (1975).

障确属必要。① 但另一方面,为了缓和社会的矛盾,美国司法机关必须正视穷人的住房问题。基于积极住房权并未上升为宪法权利的现实,美国联邦最高法院采取"曲线救国"的迂回路线,运用平等保护原则来实现保护公民积极住房权之目的。1969年,哈佛大学教授米奇尔曼(Frankl. Michelman)发表了一篇引起广泛反响的力作,主张"通过第十四修正案保护穷人",宪法应提供一定层次的"最低限度的保护"以消除贫穷的影响。② 其后,美国联邦最高法院出现了许多案例,似乎正在沿着米奇尔曼的设想,向某种程度的福利国家迈进。这样,以平等保护条款为核心,美国联邦最高法院所适用的审查标准从最初相对宽松,内容不确定的合理审查标准,逐渐提高并不断类型化。

在此一类型化的保障机制下,由于积极住房权涉及的宪法案件各不相同,对之适用的审查基准也存在较大差异。有些积极住房权案件由于涉及种族问题、其他基本性权利,例如洲际迁徙权等,对之就应适用严格审查基准;如果积极住房权案件涉及性别、非婚生子女的歧视问题,则对之应适用中度审查基准。如果积极住房权案件并未种族、基本性权利、性别、非婚子女的歧视问题,则只能对之适用合理审查基准。上述三种审查基准的内容存在较大区分,下面分别阐述之:

第一,严格审查标准。这是最严格的违宪审查标准。在这一标准下,法院首先审查法律所追求的目的是否为相当急迫及非常重要的政府利益,其次则审查立法目的和立法手段是否存在紧密关联性,并且立法手段必须符合最小侵害原则。

第二,中度审查标准。在这一标准下,法院首先审查法律所追求的目的是否为实质或重要的政府利益,其次则审查立法目的和立法手段是否存在实质的关联性。

第三,合理审查标准。这是一种最为宽松的司法审查标准。在这一标准下,法院并不要求法律所追求的立法目的为重要的或迫切的政府利

---

① DeShaney v. Winnebago, 489 U. S. 196 (1989).

② Frankl Michelman TheSuprem Court, 1968Term-Foreword: on P protecting the poor Through the Fourth Amendment, 83 Harv L. Rev. 7(1969).

益,而仅仅要求政府利益具有正当性和合法性。在立法手段上,法院并不要求其是经过谨慎的限缩而未超过必需的范围,或是选择对公民权利侵害最小的立法手段。法院只要求立法目的和立法手段之间具有"合理的关联性"①。

表 3.1 积极住房权适用平等保护原则的示意图

审查类型	严格审查基准	中度审查基准	合理审查基准
适用范围	涉及种族歧视、基础性权利而引发的住房权案件	涉及性别、非婚生子女的权益而引发的住房权案件	一般普通的住房权案件
审查内容	急迫且非常重要的政府利益 必要且侵害最小之手段	实质性的政府利益 实质的关联之手段	合法的政府利益 合理性关联之手段
结果倾向	推定违宪	逐案衡量	推定合宪

3.1.2 积极住房权的可诉性

积极住房权的可诉性是指,在缺乏法律明确规定时,公民能否直接援引宪法规定的住房权,要求政府为其提供符合人格尊严的住房。积极住房权的可诉性的本质就是宪法规定的积极住房权的直接效力问题。

许多国家的宪法都直接或间接规定了公民的积极住房权,例如,1946 年《法国第四共和国宪法》在序言中宣称:"对于全体人民,尤其对于儿童、母亲及老年劳动者,国家应保障其健康、物质上的享用、休息及闲暇。"其他国家的宪法也有类似规定,大多表述为"国家有责任"、"有义务"、"为了公共福利"、"促进公共福祉"等。这些宪法条文往往采用"应"、"须"等用语,但公民是否可以直接依据这些条款向政府主张适足的住房权呢?对此,各国的做法各不相同,因为积极住房权入宪的途径各不相同,其法律效力也存在较大差异。根据各国住房权规定的方式及内容,可以将住房权大体分为基本国策中的住房权、制度性保障中的住

---

① 林子仪:《言论自由和新闻自由》,[台]元照出版社 1999 年版,第 143~146 页。

房权和作为具体权利的住房权。

3.1.2.1 基本国策中的住房权

有很多国家的宪法仅仅将积极住房权作为一种基本国策加以规定，因此，积极住房权仅仅只是一种对于国家未来立法指针及努力的方向，不具有直接的法律效力，公民不能在缺乏具体法律依据时，直接凭借宪法的相关规定，请求政府为其提供符合人格尊严的住房。这就意味着，虽然宪法规定了公民的积极住房权，但此一宪法规定只是表明一种国家政策目标抑或社会政策的指导性原则。例如，《爱尔兰宪法》规定："在本章确定的社会政策原则中，目的在于对国会做出一般性的导引。这些原则的应用不应当通过法院。"在《印度宪法》中，有关宪法条文则明确将积极住房权作为"国家政策的指导性原则"予以规定，同时又明确规定，这些权利是不可以通过法院强制实施的。[①] 日本宪法对包括积极住房权在内的生存权作了明确的规定，但总体上，占据主导地位的仍旧是"纲领性规定论"。根据这种理论，日本宪法中规定包括积极住房权在内公民福利权利条款只是赋予国家的一种政治性和道德性的义务，并不具备司法的适用性。[②] 对此，日本宪法学界进行了大量的论证。例如，日本学者我妻荣认为："宪法第25条的生存权规定为不具有法的效力的方针规定。"日本宪法学权威宫泽俊义认为："生存权并非具有具体内容的请求权，普通国民，并非依此规定，即直接对国家具体、实际地拥有此种权利。"在具体的司法实践中，也出现了一些持上述观点的判例。例如，日本法院在1948年违反粮食管理法被告事件的最高判决中，就完全否定了国家在生存权保障上的责任和义务。该判决中认为，各位国民并非基于宪法第25条，就可以对国家享有具体且现实的生存权，而这种具体权利，只有借助为实现宪法第25条之宗旨而制定的各种法律，才能最终得以实现……即使是"健康且文化性的最低限度生活"也并不一定是已经确定之物，其概念也并非固定不变的概念，而是一种抽象性的相对

---

① P. L. Mehta and NeenaVerma, human rights under Indian constitution, New Delhi DeeP&DeePPublieations PVT. Ltd(1999), P48.

② 大须贺明：《生存权论》，林浩译，法律出版社2001年版，第70页。

第 3 章　公民住房权司法保障的域外考察

性的概念。由此而言,由于积极住房权的不确定性、并且涉及国家权力的配置问题,法院无权也难以在具体的司法实践中对之进行适用。因此,积极住房权的实现必须借助国家政策目标的设定,强调国家所承担的实现或协助公民福利权的义务,而不是强调个人具有直接依据相关宪法条款请求国家给付的权利。也就是说,积极住房权的实现更需要借助某种政治过程,甚至由市民社会通过某种政治动员的方式加以实现。

3.1.2.2　制度性保障中的积极住房权

宪法是制度之法,若无相关具体规则的支撑,积极住房权将会成为空中楼阁。对此,我国台湾地区吴庚教授明确指出:"宪法所保障之各种基本权利,无论属于消极性防止公权力侵害之防卫权——各类自由权属之,或积极性要求国家提供服务或给付之受益权——社会权为其中之典型,国家均负有使之实现之任务。为达成此项任务,国家自应就各个权利之性质,依照社会生活之现实及国家整体发展之状况,提供适当之制度保障(Institutionelle Garantie)。经由制度保障功能之确认及对宪法人民权利条款作体系论之解释,当可建立各个基本权利之保障范围(Schutzbereich der Grundrechte),在范围内受保障之事项,可称之为基本权利构成事实(Grundrechtstatbestand)。"[①]基于此等认识,国家必须建立一套完备可行的住房保障制度,也唯有如此,公民的积极住房权方能获得保障。

根据德国的宪法实践,制度性保障分为两种类型:一是消极制度性保障。消极制度性保障是指纳入宪法保障范围的法律制度,立法者虽然可以对之加以修改,但不得废弃该法律制度的基本传统与本质内容。二是积极制度性保障。积极制度性保障是指为了充分保障基本权利,立法者负有构建相关具体法律制度的宪法性义务。对于宪法所规定的基本权利,立法者有权对之加以限制与形塑,但是不得伤及基本权利的核心内容,否则,系争法律条文违宪无效。具体到积极住房权而言,要求国家所建构的住房保障制度必须符合"保障足够性原则"。所谓"保障足够

---

① 欧爱民:《德国宪法制度性保障的二元结构及其对中国的启示》,载《法学评论》2008 年第 2 期。

性原则"是指立法者为积极住房权所提供的保障必须满足最低标准。对此,南非宪法法院阐述道:所有要求政府在一定范围内采取行动的社会权都只是那些无承担能力的公民所享有的最低程度上的权利。根据宪法第 26 条的规定,国家有一种特殊的义务为无力购房的人提供住房,而对于有能力购房的人而言,国家的首要义务在于启动住房机制:发行住房股票,以及在立法框架下通过计划法和金融贷款促进自购房。①

为了保障公民的积极住房权,世界各国政府积极履行宪法义务,为公民提供了适当的制度性保障。例如,二战后,德国是一个房荒非常严重的国家,在重建欧洲的"马歇尔计划"的扶持下,以政府政策引导为主,德国开始了大规模的"社会住房"建设。此一计划包括两大内容:一是提供出租的公寓楼和合作社住宅。二是针对法定群体住宅房产的资助。通过不同的补贴形式(建筑费用补贴、支出补贴或减息),使这类住房以低于成本的租金供应给低收入阶层。同时,德国实施了一系列促进住房投资建设和鼓励私人购买拥有住房的政策和措施,包括租金管制、指导租金制度、社会福利房、房租补贴、住房储蓄、购建房优惠政策等。通过几十年的努力,德国基本实现了"居者有其屋"的社会目标。至 2003 年德国住宅存量为四千万套,每千户的住宅完成量为 3.6 套,人均使用面积为 40.1 平方米。②

但是,同时也应认识到,制度性保障中的积极住房权只是强调政府的宪法义务,并没有赋予积极住房权以直接适用的效力。因此,如果缺乏具体的法律支持,公民不可能通过司法的途径来圆自己的"住房梦"。

3.1.2.3 具体权利性质的积极住房权

该观点认为,在某些情况下,宪法规定的积极住房权具有直接的适用效力,普通民众可以凭借积极住房权直接向政府提起符合人格尊严的住房保障请求,法院应负有义务通过具体的案件保障公民的积极住房权。该观点也意味着公民可以有权提起具体的违宪审查,请求立法机关

---

① 陈红梅:《南非学费制度的合宪性之辩及其启示》,载《法商研究》,2007 年 3 期。
② 梅吉:《德国住房市场与住房保障制度》,参见 http://www.pinggu.org,最后访问时间为 2009-2-12。

第3章 公民住房权司法保障的域外考察

进行立法以保障住房权,当立法权不作为时,还可以提起立法不作为的违宪诉讼。依据各国对立法行为的审查密度理论,当涉及重大性质的权利或者是严重侵害权利时,立法者的形成空间会收缩至零,这就使得此时的住房权规范可以成为直接的宪法规范依据,进而拘束立法以及行政机关并促使法院对它加以实现。例如,南非法院在 Minister of Health v. Treatment Action Campaign 一案中,便表明了此一观点。在这种模式中,积极住房权作为某种直接的宪法规范依据而具有效力,这时,法院可以充分地考虑这项权利是否能够实现,而无需考虑某种对于立法的实质性尊重。例如,南非法院在 Covernment of the Republic of South Africa v. Grootboom 案中便认为:"社会经济权利对于促使公民享有权利法案规定的其他权利来说是必要的,同时对于种族和性别平等的发展也具有关键意义……1996 年宪法下的分权机构并非绝对,政府分支之间必须相互尊重,这并不意味着法院不能或不应当做出影响政策的决定。法院的责任首先是维护宪法与法律。如果国家政策与宪法不一致,则将被提出质疑,法院须考虑执行或实施这样的政策。"①在这种模式下,积极住房权就具有可诉性,如果政府不为符合一定条件的普通公民提供符合人格尊严的住房,普通公民就可以向法院提起行政诉讼来寻求法律救济。

3.1.3 积极住房权可诉性的实例分析②

积极住房权是否具有可诉性虽然在理论上存在很多分歧,在司法实

---

① Government of the Republic of South Africa v. Grootboom and ors [2000]ICHRL72.
② 美国新州根据非常著名的 Laurel Case (Mt. Laurel II, 1983) 案指出,"没有任何疑问的是,栖息地、食品是人的最基本需要。毫无疑问,为了促进一般福利,必须规定为所有人提供合适住房"。被分析家们认为美国最成功的无家可归者权利的案件,第一次承认人的栖息权的案件是 1979 年的 Callahan v. Carey 案。这是一个为居住在纽约 Lower East Side of New York City 的地带的人提出的集团诉讼。它要求根据《纽约州宪法》、《国家社会服务法》和《纽约行政法典》的规定,政府应该为任何要求住房的人提供住所。纽约州最高法院发布了临时命令,要求纽约市为所有申请栖息场所的人提供足够的床位。这样,法院承认了人拥有栖息所的权利(但法院没有认为为居民提供住所是人权)。并确定了为现在的和新的要求提供栖息所的人提供栖息所的最后低标准。

践中,大多数国家的法院也基本上持否定态度,但是随着人权保障的进步,国家财力的增加,加之联合国经济、经济文化权利委员会的努力,积极住房权不可诉的原则越来越受到挑战,世界各国与地区开始通过宪法解释与具体的案件等途径赋予积极住房权以一定程度的可诉性。下面就对这些案件进行梳理,并对其中所存在的规律进行总结。

3.1.3.1 日本:朝日诉讼案件

在日本,积极住房权属于生存权的范畴,如果生存权具有可诉性,那么积极住房权自然就具有可诉性。虽然,基于抽象权利说的认同,日本法院一般不承认生存权的可诉性,但是在特定情形下,法院也会认可生存权的可诉性。例如,在著名的"朝日诉讼"案件中,日本一家疗养所免费供给的东西仅为 400 日元,这在当时仅能购买黄油 0.25 磅,鸡蛋 10 个、水果少量。显然,日本政府所提供的保护尚不能满足人的"动物性"需求,更遑论人格尊严保障。在此情况下,日本政府所采取的措施即违反了"保障足够性"原则,存在违宪嫌疑。[①] 当然,最低标准是一个动态的概念,其应随社会政治、经济、文化的发展而变化,也需要考虑国家的财政能力。

按照日本的司法实践,政府必须为公民的生存权提供制度性保障,但政府所提供的保障不能满足公民的"动物性"需求,而国家却有能力予以保障,此时,公民就有权直接根据宪法要求政府为之提供最基本的保障,当然包括最基本的住房保障。

3.1.3.2 南非:格鲁特布姆案、恶劣建筑驱逐案

南非共和国政府等诉格鲁特布姆案(Government of the Republic of South Africa and Other v Grootboom)是南非宪法法院在 2000 年作出的具有里程碑意义的判决。该案件涉及国家为"没有土地、没有住所、居住在难以忍受的环境中以及具有危险因素的环境下的人提供救济"的问题。此一宪法判决也消除了普通民众认为宪法法院只是为权势者提供保护的偏见。该案涉及 Irene Grootboom 女士和居住在 Wallaceden 的一批无

[①] 大须贺明:《生存权论》,林浩译,法律出版社 2001 年版,第 110 页。

第 3 章　公民住房权司法保障的域外考察

固定居所的人。他们因为不堪忍受原居住地恶劣的条件而集体搬迁到一块由私人拥有的土地上。在搬到这块土地后不久,他们又被政府强行从这块被他们占领的土地上驱逐了出去,于是他们又集体搬到了同一地区的一个运动场。但是,政府又应私人土地所有者的要求命令他们离开这块土地,并且在政府命令的最后期限满前一天就用推土机强行铲平了这群人的临时居所。由于受到了强制性驱逐,他们原先的窝棚不是被推土机铲平,就是被放火烧掉了,他们的许多物品也因此被损坏殆尽,这就使这些人陷入了既不能回到原居住地,又不能搭建新住处的悲惨境地。于是他们请求开普地区的高等法院向各级政府发布紧急命令,要求政府立即向他们提供临时性的住处或者房子,直到他们获得永久性的住处为止。南非开普地区的高等法院根据南非《宪法》第 28 条第 1 款第 3 项有关儿童经济和社会权利的规定,判决政府应该给予那些有孩子的家庭提供临时住处或者住房。南非三级政府(中央、省级和地方政府)对判决表示不服,向南非宪法法院提出上诉。南非人权委员会和社会法律中心作为"法庭之友"也参与此一宪法诉讼,其所提交的诉讼意见认为,法院应当遵循联合国经济、社会和文化权利委员会的一般性意见,该一般性意见认为,经济社会权利使政府具有最低限度的关键性责任(minimum core obligations),人的最低限度的权利要求必须满足人的拥有适当住房这一最低的基本权利。

在格鲁特布姆案中,南非宪法法院参考了经济、社会和文化权利委员会的一般性意见,认可了国际人权体系体制,从而判决要求国家履行宪法第 26 条第 2 款规定的义务。该宪法条文规定:"在可利用的资源范围内,国家保护公民拥有适当住房的权利并争取逐步实现这一权利。"归纳南非宪法法院的判决,可以得出如下几点结论:

1. 住房权具有可诉性

南非宪法法院指出,问题不是根据宪法,社会—经济权利是不是具有可诉性的问题,而是在具体的案件中应如何实施它们的问题。可诉性的问题不能以抽象的方法决定,只能"在具体个案的基础上仔细探索"。在"可利用的资源范围内"并不强迫政府"立即实施",因为有效地实施要求全国政府有适当的预算支持。关于宪法规定的"逐步实现"条款，法院采纳了联合国经济社会文化权利公约的含义并指出，"宪法的目标是满足我们社会中所有人的基本需求，逐步实现意味着国家必须采取步骤逐渐实现这一目标。它意味着应当逐渐促进实现这些基本需要"。"应当检讨实现这些基本需要的法律上的、行政上的、行动上的以及经济上的障碍。如果可能，应当尽可能减少满足这些基本需要的时间。不仅必须给更多的人提供更多的住房，而且随着时间发展，要给更广范围的人提供住房。"这样，宪法法院宣布，为了实现上述权利，国家必须给居住在无法忍受和危机情况下的人提供救济措施。

2. 积极住房权可诉性具有明确的条件

宪法法院认为，尽管政府所采取的政策满足了合理性标准的其他要求，但它仍然是不合理的，因为它只关注了中期和长期的住房需要，却没有为那些"具有极度需要的人"提供短期的、临时性的救济措施。因此，宪法法院宣布，国家住房政策不符合《宪法》第26条第2款，因为"它在其可利用的资源范围内没有为开普都市区那些没有土地、没有住房并且生活在不能忍受或者处于危机状况中的人提供合理的帮助"。宪法法院命令政府采取行动履行第26条第2款所施加的义务，这些义务包括设计、资助、实施并且监督旨在为那些具有极度需要的人提供救济的措施。[1] 由此可见，政府只是负有向那些具有极度需求的公民提供住房的及时义务。也就是说，只有在公民根本是无家可归或其现有住房严重损害公民的人格尊严时，才有权向政府请求住房保障。

南非还存在一个相似的案件。约翰内斯堡市从2001年以来进行大批强制性驱逐行动，该行动被官方冠以"旧城复兴战略"的名义。这项计划中的一个重要组成部分就是对预计235个"恶劣"的建筑进行清除，这些地方被认为是堕落与犯罪的发源地。数千名南非人民居住在"恶劣的建筑"中，因为他们买不起私有住宅市场的体面住所，也等不到旧城长

---

[1] 杨福忠:《从南非格鲁特姆案看积极权利对立法者的义务》，载《山东社会科学》2008年第1期。

第3章 公民住房权司法保障的域外考察

期以来竞争十分激烈的社会住房。位于日内瓦的"住房权利和驱逐问题中心和应用法律研究中心"从2004年到2005年开展了一项研究,发现这些建筑的大多数居民都是普通的、贫困的南非人,他们每天要为生存而奋斗,他们并不是制造犯罪、从事非法活动的人,而是犯罪的受害者。该研究同时指出,尽管许多建筑都确实急需维护和服务,但是其自身的状况并不是使用种族隔离时期的法律对其进行清除的正当理由。①

300多名居民去法庭质疑和反对约翰内斯堡市实施的驱逐行为。这些居民认为,约翰内斯堡市对旧城的所谓"恶劣建筑"进行清除的做法是违反宪法的。2006年3月9日南非约翰内斯堡高等法院作出判决,该判决裁定约翰内斯堡市把居民从"恶劣的建筑"中驱逐出来的行为违反宪法。南非高等法院的法官Mahomed Jajbhay在判决中指出,约翰内斯堡市的住房政策与南非宪法不符,没能满足旧城区贫困人口的住房需求。他命令该市设计并实施一项综合计划,满足那些迫切需要居所的旧城人口的住房需求。② 法官在审判中驳回了约翰内斯堡市提出的对这些居民进行驱逐的请求,还禁止该市对这些居民进行驱除或试图进行驱逐,直到为他们在旧城中提供其他的适当住所。法官在判决中引用了联合国住房权项目于2002年出版的《住房权法》,③明确指出,如果约翰内斯堡市想要把贫困人口从它认为不安全的居所中驱逐出来,必须为这些生活在所谓"恶劣建筑"中的居民提供位于旧城的一处栖身之地。住房权利和驱逐问题中心的副主任Jean du Plessis对这一裁决做出了高度评论,他表示:"我们对高等法院做出的这一裁决表示欢迎,它在约翰内斯堡没有提供任何解决办法之前,有效地禁止了对'恶劣建筑'进行驱逐的行为。我们非常高兴地看到这一裁决符合南非的新宪法,同时也与许

---

① 这件案件得到了住房权利和驱逐问题中心的大力支持,该中心是联合国人居署的一个主要合作伙伴。
② 《人居要闻》,参见 http://www.cin.net.cn/Habitat/cn/media,最后访问时间为2009-1-11。
③ 它是全球居住权保障运动的一个重要组成部分,同时也是联合国人居署与联合国人权事务高级专员办事处联合发起的一项行动。

多国际法律标准相一致。"

"恶劣建筑驱逐案"表明公民所享有的住房权可以对抗政府的合法拆迁,在没有为公民提供合适的住房时,政府就不能将公民从非法建筑中驱逐出去,这就是住房的非驱逐性。住房的非驱逐性有两方面的含义:一是公民现有住房不管其是非法抑或是合法的,均受法律保护;二是政府只有在公共利益的前提下,才能对公民的住房进行拆除,在事先必须为公民提供适足的住房。

3.1.3.3 中国香港:寮屋①清拆案

20世纪四五十年代,由于内战的原因,大量的内地难民涌入香港地区,这些人员无家可归,于是在城市的边缘地区临时搭建非法建筑,形成了香港所谓的寮屋区。由于寮屋区各种设施简单,卫生条件较差,随着香港经济的腾飞与居民生活水准的提高,寮屋区的拆迁势在必行。但是基于居民住房权的保障,香港政府于1982年制定了较为详尽的清拆寮屋区及临时房屋区的政策。该政策的主要内容有:(1)保障所有居民不会因政府的清拆行动而无家可归。清拆公布时受影响搭建物的寮屋居民,只要符合安置资格,便会获得安置。(2)为了防止安置的诈骗行为。香港当局于公布清拆当日进行清拆前对需要安置的人数进行登记,并以此为基础冻结安置人数。另外,政府还对全港未批租和未发展的政府土地,以及已批租的农地进行寮屋管制登记。该次行动中登记的寮屋,在当局因发展、改善环境或安全理由而须进行清拆之前,可以暂准存在。但任何日后盖搭的建筑物或未经批准的扩建部分,一经发现,当局会实时采取管制行动,予以拆除。(3)登记作商业用途的寮屋,如在进行"清拆前登记"时有经营登记在案的业务,有关商户可获发特惠津贴,金额视业务类别和规模而定。计算特惠津贴的基准由立法会财务委员会通过,其金额每年按已批准的基准检讨。(4)临屋区②全部清拆,所有符合所

---

① 寮屋在香港是指非法占地而建的临时居所,其建筑通常相当简陋,大多以铁皮及木板等搭建而成,所以又被俗称铁皮屋、木屋。
② 所谓临屋区单位是指受清拆、天灾或其他原因影响而无家可归,但仍未符合入住公屋资格的人士。当时,全港共有8个临屋区,居住在临屋区居民有900户。

载安置准则的临屋区居民,均有资格获安置入住公屋或中转房屋。临屋区居民所获得的安置安排,与适用于受清拆影响的寮屋居民的安置安排相若。

调景岭是港府安置大陆内地难民的一个地方。其居民大多是战败后逃难的国民党军官及其家眷。起初获政府提供基本食粮。政府停止供应食物后,一些慈善团体至少在某程度上替代了政府以往的角色给予援手。一段时候以后,港府当局将调景岭指定为难民营,拨作难民的永久居所。后来,港府将调景岭改辟为徙置区。1973年4月1日,香港房屋委员会成为负责管辖平房徙置区的法定机构。这并没有令调景岭居民的情况出现重大改变。然而,在十五年后即1988年,情况有变,而且是至为重大的改变。港府当局决定在将军澳兴建新市镇。若这个决定得以实行,便会摧毁整个调景岭安置区。调景岭居民声称港府当局在1961年6月发出的多封函件中已作出承诺让其永远居住在此地,并以该承诺为依据提出抗议。香港房屋委员会承诺会给予特惠补偿金,但坚持实行整个地区(包括调景岭在内)的重建计划,并于1995年开始将迁出通知书送达调景岭居民。许多居民因不满房委会要他们迁出的决定,或不满房委会提出的特惠补偿金额,遂提出诉讼请求法庭司法复核香港房屋委员会。

1996年3月21日,王伯勤先生与其他21位申请人一同向香港高等法院申请移审令,要求法院撤销香港房屋委员会于1995年12月28日向调景岭第11段、12段和大环新村全体居民所发出的迁出决定书。他们申请的其他交叉救助包括禁止令或强制令,以阻止住房委员会根据迁出书采取任何行动,同时申请法院宣告房屋委员会的决定无效以及要求法院判给损害赔偿。同年6月有60多位申请人向法院提出类似的救济。1996年6月27日法院判决:"政府发送的迁出通知书的决定书是不公正的,而且构成了滥用权力。"法庭认为"……由于香港政府违反了不会将调景岭居民迁走的承诺,于1961年6月5日已是调景岭居民的申请人便有权获得损害赔偿。"至于个别申请人是否合资格申请损害赔偿以及赔偿金额的问题则留待日后评定。对于申请人能否阻止政府的迁出行为,法院则持否定态度。原审法官在展望调景岭即将出现的情况和参考过有关法例的规定后,在其判决书第 11 页写道:"申请人起初向法院寻求质疑迁出通知书的有效性,和阻止政府根据迁出通知书采取行动,藉此致使有关的重建计划难以进行。然而,代表申请人的御用大律师陈志海先生承认,假如 1961 年的信件构成了一个给予村民若干法律权利的承诺,那么他们所得的唯一补救便是获法院判给损害赔偿或人们所称的补偿。况且,房屋委员会的法定职能是提供市民殷切需求的新建房屋。面对该重建计划带来的重大利益,没有任何一个法院能够批准一个足以阻碍房屋委员会行使其法定职权的补救。"①

梳理调景岭判决与香港有关清拆寮屋区及临时房屋区的政策,便可得出如下几点结论:

第一,合理存在的非法建筑应受政府保护。本来调景岭是内地难民在逃避内战无家可归的情形下,而在荒废的郊区临时搭建的非法建筑,但是当时香港当局基于人权的保障,并未将所居公民强制驱逐,反而将之纳入法律的调整范围。20 世纪 60 年代,根据《徙置条例》香港当局为调景岭居民的屋宇发出居住许可证,每张许可证注明了有关屋宇的数据、准予用途、许可证费用、缴费日期以及准予同住者的数据,并且还均载有以下重要字句:"兹准持证人保有在上开地盘上之建筑物或将兴建之建筑物并在其内居住以作下开用途:(例如)住宅用途。"在此基础上,1961 年 6 月 2 日香港当局发出的新闻稿宣布调景岭将由徙置事务处接管,改辟为徙置区,以便计划改善区内的居住环境和公共设施,例如建造道路、市场及卫生设备等。关于调景岭的居民,公告提到了三件事情:(1)区内有些建筑物日后或须予以迁移,以便实行各种改善之措施;(2)调景岭地区内之任何住户将不必迁居别处;(3)新来住户除是具有徙置资格者外,均禁止迁入。上述公告发出三日之后,徙置事务处处长给调景岭发表了一封信件,该信件针对政府拟于该区兴建多层徙置大楼的传

---

① 参见:高等法院施伟文法官在 1998 年第 114 号一案所作出的赔偿调景岭居民的判例,http://legalref.judiciary.gov. 最后访问时间为 2007 - 12 - 02。

言,及部分居民担心须迁离其"现在安居之所"的问题,郑重指出,政府不拟于区内作兴建多层大楼之举,并承诺"该区居民,大多均可获准继续在其现有之屋宇内,作无限期之居留"。

第二,非法建筑的住房权受到严格的限制。公民虽然对非法建筑享有积极住房权,但由于其是非法建筑,香港政府在保障居民能居者有其屋的同时,也对其住房权进行了严格的限制。每份居住许可证都载有"持证人"的声明,表示他充分明了他占用楼宇的条件,同时也详尽记载了住房权的限制条件。对此,居住许可证背页的"许可证普通章程"规定持证人应遵守下列各项:(1)在缴费日期缴纳许可证;(2)用架将许可证镶好并摆在楼宇内当眼处;(3)准许任何授权人员在任何合理时间进入楼宇以便检查;(4)将所有地盘上之任何楼宇保持整洁以重卫生并奉行授权人员令办理之清洁事务或修理工;(5)遵守防疟局之规定。同时规定,持证人不得有下列事项:(1)未经授权人员书面准许容许本证上所载姓名以外之人在其地盘上任何楼宇内居住;(2)未经授权人员书面准许将楼宇转让、分租、移让或将楼宇空置超过两星期;(3)未经授权人员书面准许将任何此种楼宇作住所以外之用途;(4)未经授权人员事先用书面准许对徙置区内之任何建筑物或地盘加以更改或添设;(5)自行或容许他人在该地盘上或该地盘之任何部分做任何令人讨厌、妨碍、伤害或骚扰事情而波及其他房舍或邻近其他物业之居住人或违犯本港法例包括危险药物条例(即香港法例第一百三十四章)及一九五一年保护妇女及未成年人条例之事情;(6)容许任何武器、弹药、火药、爆竹、烟花或其他炸药或易燃物品(持证人本人家庭用合理数量之火水除外)带入该地盘之任何楼宇内。

第三,非法建筑的拆迁必须以不侵害公民的住房权为前提。非法建筑虽然涉及公民的积极住房权,但是居住者不能因此而享有对抗政府一切的拆迁行为。只是政府在拆迁之前必须为居住在非法建筑的居民提供符合人格尊严的住房。这点可以在普通法中得到法律支持。例如,在

Dillwyn v. Llewelyn 一案①的获准人应拥有人的要求,在拥有人的土地上兴建了一座码头和一个货仓。由于获准人相信这许可诺言才自资兴建该码头和货仓,所以拥有人不得撤销其许可。在 Ramsden v. Dyson 一案中②,Lord Kingsdown 发表了一篇持异见的判词,该判词现已广泛接纳为权威论述:"本席认为,适用于本案的法律原则是这样的:如果某人与地主订立了有关某些土地权益或相等于同样东西的口头协议,而该地主又令他或促使他预期自己将会得到某些权益,于是在地主的同意下接管了该土地,并因相信这个承诺或期望而在地主知情及不反对的情况下花了大笔金钱在土地上,那么衡平法院便会强迫地主履行该承诺或实现该期望。"根据上述两个判例,如果居民在非法建筑居住了一段时间,而政府并非将之驱逐出去,这就意味着政府默许了居民的非法居住行为,居住在非法建筑中的普通公民就享有积极住房权,其可以凭借此一权利,对抗政府的不合理的驱逐行为。

3.2 对消极住房权的司法保障

宪法规定的消极住房权的主要功能就是对抗公权力的非法侵害。另一方面,为了保障公共利益,法律在宪法基本精神下,建立了公权力干预公民消极住房权的两种情形:一是刑事搜查;二是行政检查。不过,为了防止行政机关滥用职权,世界各国无不建立了刑事搜查、行政检查的司法审查制度。在此,需要说明的是,虽然刑事搜查、行政检查在法律性质、功能、程序等方面存在较大的差异,但是基于公民消极住房权的重要性,在司法审查的力度上,两者所适用的原则并没有本质的区分。所以,本论文在论述域外消极住房权的司法保障时,不单独阐述行政检查的司法审查制度,而是将主要关注点集中于刑事搜查制度领域。

刑事搜查的司法审查包括两个方面的内涵:一是事先审查,司法机

---

① Dillwyn v. Llewelyn (1862) De G. F. & J 517.
② Ramsden v. Dyson (1865) 1 LR 1 HL 129.

关主要通过令状主义原则的适用强化对侦查机关的刑事搜查行为的事先监督。二是事后审查,司法机关通过非法证据的排除规则强化对公民住房权的事后保障。

3.2.1 事先审查:令状主义原则的适用

在域外,令状主义原则上由法官事先批准,一切侦查行为必须接受司法审查。令状主义原则的目的在于赋予权利受到侵害的人以司法救济,使侦查这一类最容易侵犯个人权利的"具体行政行为"直接受到独立、公正的法官的审查,以司法权抑制侦查权。在英国,用令状来保障公民权利已有几个世纪的历史。到了近现代,令状主义开始用以规范警察机关实施的强制措施。英国《1980年英国治安法院法》、《1984年警察与刑事证据法》等有关法律对令状主义原则作了详尽的规定。在英国,搜查令、扣押令由治安法官签发。如果警察机关欲要搜查公民的住房,就必须事先提出申请书,只要其申请书符合法律规定的条件,治安法官就签发令状。在美国,根据宪法第四修正案的规定,警察或其他侦查官员在执行搜查、扣押之前,必须持有司法机关签发的令状。除了传统意义的搜查和扣押外,必须获得令状的情况还包括电子窃听、搭线窃听等侦查活动。令状由治安法官签发,警察必须提供给治安法官足够的证据,证明"可能成立的理由"存在。如果满足如上条件,法官就可能签发令状,准许警察行搜查、扣押。在德国,搜查住房的决定只允许由法官做出,在延误有危险时也可以由检察院或它的辅助官员作出。但是,检察院和它的辅助官员在实施了搜查、扣押以后,要在3日内提请法官加以确认。如果在3日内未得到法官确认的,检察官的搜查令即失去法律效力。另外,在德国,监视及录制电讯往来、秘密侦查员的派遣,原则上应征得检察院的同意,在特定情况下,必须征得法官的同意。例如,《德国刑事诉讼法》规定在实施电话监听前必须取得法官的监视令,监视令应包括监视的方式、监视的范围和监视的持续时间。按照法律规定,监视的最长的期限是三个月,有法律明确规定的例外情形,允许延长监视期限,但每次不超过三个月。此外,日本、意大利作为大陆法系国家,在二战以后,也非常注重利用令状主义来保障公民的消极住房权。例如,《日本刑事诉讼法》规定,在侦查程序中,限制被控人的人身自由及搜查、扣押、监听通讯均必须依法官签发的令状进行。

在西方发达国家,令状主义要求警察在搜查公民的住房前必须取得搜查证,而搜查证的取得具有严格的实体与程序要件。为此,搜查行为必须遵循如下法律原则:

3.2.1.1 相当理由原则的遵循

为了保障公民的住房权,西方发达国家的宪法均规定,搜查必须基于合理的证据方能进行。例如,按照美国第四修正案的基本精神,搜查必须"基于合理根据,并附有宣誓或确认的证言支持和对被搜查或扣押人或物的具体的描述",否则将被视为非法。在史密斯诉美国一案中,美国联邦最高法院指出,所谓"合理根据"是指"作为受过专业训练的警察对他们的所见所闻,所知道的情况与有关信息,并根据以往的经验进行综合分析而'合理地'作出某种犯罪将会发生、可能发生、或者与已经发生的某些犯罪案件相关的判断,这种判断不是根据某一单一因素作出,而是所有情况的总和"[①]。

为了控制执法机关的自由裁量权,美国、英国等国对"相当理由原则"进行了较为严格的解读。首先,司法机关要求警察所提供的证据具有"新近性"。所谓证据的"新近性"是指警方向搜查证的签发主体提供的证据必须使其合理地相信需要搜查的物体还没有移出需要搜查的地点。[②] 之所以要求"新近"性,是因为情况在迅速地变化,曾经于某时某地发现的物品在搜查证签发并执行时可能已不在该处。在判断证据是否具有新近性时,一个重要因素是正在侦查的犯罪活动的特征,另一个重要因素是那些参与犯罪的人在流逝掉的这段时间内所拥有的转移或销毁警方要寻找的物品的能力或机会。[③] 其次,相当理由原则还要求蕴

---

① Smith v. United States, 508 U.S. 223 (1993).
② Steven L. Emanuel, Criminal procedure, Civic Publishing House 2003, P49.
③ [美] 伟恩·R. 拉费弗等著:《刑事诉讼法》,卞建林等译,中国政法大学出版社 2003 年版,第 179 页。

第3章 公民住房权司法保障的域外考察

含着一个较为严格的证明标准。所谓"相当理由",并非一个僵硬的法律规则,应当根据具体的个案事实来评估相当性的程度。可见,相当理由属于一个流动的法律概念,但这并非意味着其是一个任人泥捏的橡皮图章。对此,美国学术界和实务界常常运用数学思维对之进行量化分析。该分析法认为法院对"相当理由"的心证程度,比判决被告有罪所需的"排除合理性怀疑"的程度为低,但比"单纯怀疑"(bare or mere suspicion)或"合理的怀疑"(reasonable suspicion)的程度为高。也就是说,相当理由所要求的,不是百分之百的正确,也不是要求正确的几率比不正确的几率为高,而是比百分之五十的概率要少一点即可。根据美国学者的实证调查,相当理由的量化分值为百分之四十五点七八。也就是说,当法官认为某人为犯罪行为人或某处藏有扣押物,其相信程度为百分之四十五点七八以上时,法院即可认为具有相当理由,反之,则不具有相当理由。①

3.2.1.2 明确性原则的遵循

所谓明确性原则是指法律、法规及其他行政行为的内容必须明确,涉及人民权利义务事项时,须有清楚的界线及范围,使人民有所预见与遵循。② 在搜查领域,明确性原则的具体内涵有二:一是禁止普遍申请原则。所谓普遍申请,是指未指明特定人、特定物、特定场所的搜查申请,它的基本特征是缺乏"特定性"。例如,警察在搜查申请书上仅指明搜查嫌疑犯经常出没的场所,而没有载明其要搜查的具体场所。美国《综合犯罪控制与安全街道法》规定,只能在有特定人、特定的犯罪、确定的窃听对象的地点和明确电话号码时,警察才能请求许可窃听。可见,禁止普遍申请原则是针对警察等令状申请机关而言的。二是禁止一般令状原则。所谓一般令状,是指法官签发的搜查证没有明确具体的搜查场所、搜查对象、搜查时间等。法官签发侦查许可令状时,必须明确、具体写明侦查行为所指向的对象,使之具有特定性。例如,搜查令上具

---

① 王兆鹏:《美国刑事诉讼法》,元照出版公司2004年版,第50~51页。
② 胡建淼、钱建华:《行政明确性原则初探》,载《江海学刊》2004年第5期。

体写明是何物品,而不仅仅写为"盗窃财物",监听令写明授权监听的通讯手段、电话号码等。可见禁止一般令状原则是针对令状的签发机关——司法机关而言的。一般而言,搜查证的内容必须包括如下几个方面的内容:

1. 搜查地点的特定化

搜查证之所以要特定化搜查的地点,其根本目的在于防止一般性令状可能造成的过度侵害。因为,如果搜查证对搜查地点缺乏特定性的限定,会使得警方在执行搜查证时拥有过多的裁量权,而且会在很大程度上削弱相当理由原则的价值。在美国,搜查证对搜查地点的特定化是通过对被搜查地点的具体描述来体现的。对于特定化程度问题,美国联邦最高法院在 Steel v. United States 一案[1]中明确裁定,搜查证对于搜查地点的特定化程度达到以下标准便足够了:搜查证对搜查地点的描述能够使得其执行者通过合理的努力便能确信和辨认出需要搜查的地点。在搜查问题上,涉及消极住房权的有两种情形:一是住宅。一般而言,对于城市住宅的描述相对于乡村住宅来说应当更加详细。在司法实践中,对于乡村住宅的描述只要说明其所有者的姓名以及指明到达该住宅的总路线就够了。而对于城市住宅的描述只需要说明其街道地址就可以了,对于单元房公寓或者其他多户型住宅的特定化则必须包括居住者的名字或者具体的单元号,以防止其他居住者遭受不必要的搜查。需要说明的一点是,对住宅的特定化并不要求技术上的绝对精确。搜查证对住宅的描述只要符合以下两个条件就是一个有效的搜查证:一是执法人员通过相当的努力(例如通过询问邻居)能凭借搜查证对被搜查的住宅进行明确的定位和确认;二是不存在另一个住宅被错误搜查的合理可能性。[2] 而且,在美国对于住宅的描述即使存在错误,如果搜查证的其他部分能够清楚地表明搜查的地点,那么这个搜查证仍然是有效的。二是汽车。搜查证对汽车的特定化有很多种描述方式:车主或者司机的姓

---

[1] 267 U. S. 498,503(1925).

[2] Steven L. Emanuel, Criminal procedure, Civic Publishing House 2003, P50.

第 3 章　公民住房权司法保障的域外考察

名,车型、样式、颜色、驾驶证号码、生产商、生产时间、位置等等。需要特别指出的是,与对住宅的错误描述相同,即使对于汽车特征的描述存在错误(例如车本来是黑色,而搜查证将其描述位蓝色),只要搜查证所包含的其他信息能够引导执法人员正确定位并确认应当搜查的汽车,搜查证仍然有效。

2. 扣押物品的特定化

搜查证之所以要特定搜查标的,其目的在于防范搜查行为被滥用为廉价的打探手段。搜查证对扣押物品的特定化有以下三个方面的好处:一是对扣押物品的具体描述有助于防止一般性的搜查;二是有利于限制执法人员的自由裁量权;三是有助于防止基于不牢靠、模糊不清或可疑的事实依据签发令状。在司法实践中,由于需要扣押的物品具有多样性且在性质上存在较大差异,因此,对于不同性质的需要扣押的物品所要求的特定化程度也有所不同,具体差异如下:一是对于违禁品由于其性质特殊,不要求准确地描述,因此违禁品的描述自由空间很大;二是对于无害物品必须进行比较具体的描述,从而使得执法人员能够在搜查场所内将需要找寻的物品与其他具有相似性质的物品区分开来;三是相比对其他物品的描述,对于需要扣押文件的描述应当更加审慎,因为他们可能涉及对隐私的严重侵犯;四是由于涉及言论自由的保护,当需要搜查之标的是书籍并且对其予以扣押是源于其包含的内容时,对其描述应当以最审慎的方式准确地进行。

3. 例外情形的特定化

在国外,令状主义并非一个僵化而没有任何变通的原则。在某些情形下,法律也允许无证搜查。只是为了控制执法机关的自由裁量权,对无证搜查进行了严格且明确的限定。在美国,令状主义原则的例外被明确限定在如下几个范围:

一是同意搜查。所谓同意搜查就是在没有搜查证的情况下,如果一个人同意让警察对自己的住宅进行搜查,那么搜查就是合法的,搜查所得的证据也可以进入司法程序。① 为了防止警察以被搜查人同意搜查为由而侵犯公民的住房权,美国法对此规定了各种限制,以确保同意搜查是公民个人真正自由意志的选择。为此要求:第一,警察必须首先向被搜查人表明其身份和搜查的意图;第二,公民的同意必须是自愿的而不是受胁迫的,无论这种胁迫是明示的还是暗示的;第三,公民的同意必须是明智的,而不是受欺骗的;第四,作出同意搜查的公民必须对有关权益有处分权,如有权许可警察进入某一特定的场所;第五,警察基于公民同意进行的搜查只能限于同意的范围,而不能超越公民同意的范围;第六,作出同意搜查决定的公民有权随时中止其同意,一旦其中止搜查同意,警察就不得继续进行搜查。

二是附带搜查。附带搜查是现代刑事诉讼搜查制度令状主义原则的一个重要例外。所谓附带搜查是指警察在执行逮捕等诉讼强制活动时无须专门的搜查证而进行的无证搜查。现在附带搜查已经发展为现代刑事诉讼的一项普遍规则。② 英国虽然是传统的普通法国家,但其搜查制度却是由成文法规定的,例如《1984 年警察与刑事证据法》第 32 条对逮捕后的附带搜查所作的规定,其详细和精密程度甚至超过成文法国家的规定。附带搜查的实施要件有二:逮捕的合法性,搜查的及时性。

所谓逮捕的合法性是指,附带搜查必须以合法的逮捕为前提,如果逮捕非法,所为之附带搜查也就违法。这就是说,逮捕的合法性是附带搜查合法性的来源之一,不合法的逮捕所附带的搜查不具有合法的效果。因为,"基于合理根据而逮捕犯罪嫌疑人是对人身的一种合理侵犯,既然该侵犯是合法的,那么随后的搜查也就是合法的,合法逮捕的合理性使得随后的搜查也具备合法性"。因此,在日本附带搜查理论上,附带搜查亦被称为"合法逮捕附带的搜查"。

所谓搜查的及时性是指,附带搜查原则上必须在逮捕之后立即进行。如果有警察于逮捕汽车驾驶人后,未当场立即搜查汽车,而是将汽

---

① 李玉冠:《美国刑事审判制度》,法律出版社 1999 年版,第 43 页。
② 英国《1984 年警察与刑事证据法》第 32 条、《日本刑事诉讼法》第 220 条以及我国台湾地区 2001 年修改后的"刑事诉讼法"第 130 条都对刑事附带搜查作了专门的规定。

车拖回警察局搜查。美国联邦最高法院判决，警察局的搜查非即时搜查，被逮捕人已不可能拿到凶器或湮灭证据，不符合附带搜查的要件。①

附带搜查的范围是一个相当复杂的问题，西方发达国家均是通过一系列宪法判例对其予以明确。例如，在 U. S v. Rabinovitz 一案中，警察持逮捕证在被告一房间大的办公室中逮捕了被告，进而对房间进行了无证搜查。搜查的范围包括书桌、保险箱、文件柜。美国联邦最高法院判决该附带搜查合理，因为该房间很小，且在被告人持有或控制的状况。在1969年齐美尔诉加利福尼亚州（Chimel v. California）一案中，②美国联邦最高法院则进一步将附带搜查控制在被逮捕人可能取得凶器或证据的范围内，从而创立了一个"立即控制"法则，亦即"臂长之距"法则。根据该法则，合法逮捕后，警察只能对逮捕人直接控制的范围进行有限的搜查，而不能将搜查范围扩展至整个住宅。另外，对住宅进行附带搜查还有一个规则，亦即必须在住宅中对行为人进行逮捕，否则即使是在家门口对行为人进行逮捕，也不能以附带搜查为由进入被告家中进行搜查。在1970年韦尔诉路易斯安那州（Vale v. Louisiana）一案中，美国联邦最高法院明确指出，如果对房子的搜查是附属于逮捕的，那么其前提必须是逮捕发生在房子里而非其他地方；如果合法的逮捕发生在户外，警察就不能无证进入被捕人的住所进行搜查。③

根据英国《1984年警察与刑事证据法》第32条第2款第2项和第6款的规定，附带搜查的场所范围限于"被捕时或被捕即刻之前所在的场所"。但值得注意的是，该法在第7款对附带搜查可能涉及其他人或同宅居住者的合法权益的情形作了特别规定。根据此一法律条款，当搜查是涉及由两个或更多独立处所构成的场所时，搜查权仅限于"实施该逮捕行为的或者该被捕者在被捕即刻前所在的场所"以及"该场所中的任何独立处所占有者与其他独立处所占用者共同使用的任何部分"。在日本，法律规定可以附带搜查的场所包括住所和有人看守的住宅、建筑物

---

① Preston v. U. S,376U. S364(1964).
② Chimel v. California, 395 U. S. 752 (1969).
③ Vale v. Louisiana, 399 US 30 (1970).

或船舶,没有对附带搜查的范围作出特殊规定,而根据"限制说"的解释,这种搜查的范围应当局限于犯罪嫌疑人"直接支配的空间",司法实践中也不乏相关的案例。

综上所述,虽然各国的司法实践各有特色,但大体而言,附带搜查都被控制在严格的范围内,即限于满足解除执行逮捕可能遇到的危险和防止破坏证据的范围内,超出这个需要范围附带搜查就可能失去正当性。在这一限制下,附带搜查的范围显然有别于正常情形下的有证搜查的范围。尤其是在英美国家,作为公民重要隐私空间的住所具有相当的神圣不可侵性,附带搜查的场所范围受到更为严格的限制。

三是紧急搜查。所谓"紧急搜查"是指允许警察机关在紧急情况下实施的无证搜查。在司法实践中,如果有搜查的迫切需要,而又无法通过附带搜查或同意搜查的形式获得实施无证搜查时,就必须赋予警察机关以另外一种实施无证搜查的例外权力。紧急搜查的合法基础在于情况是否紧急性。在美国,为了控制警察机关的自由裁量权,联邦最高法院通过判例对搜查的"紧急性"情形进行了明确的解读。在 Minnesota v. Olson 一案中,联邦最高法院曾经指出,只有在警察有相当理由相信下列四种情形发生时,才具有搜查的紧急性,可以无令状进入公民住宅进行搜查:实行追缉逃亡之重犯;证据即将被湮灭;防止嫌疑犯脱逃;防止住宅内、外之警察或公民遭受危险。同时,美国联邦最高法院也曾提出为公众安全,也可以无证搜查。在 United States v. Chadwick 一案中,警察无令状打开(搜查)公民的箱子,法院判决警察行为违法,但表示如箱子内为爆炸或危险物品时,警察虽然没有搜查令状也可进行搜查。在 Mincey v. Arizoza 一案中,联邦最高法院表示,如果为了保护或保存生命,避免身体的重大伤害,也可进行无证搜查。当警察为发现被捆绑的被害人、为防止爆炸搜查化学物品,虽无令状进入住宅,州法院或联邦巡回法院皆判决警察行为为合法。不难看出,在美国,搜查"紧急性"的基本内容,主要包括以下三种情形:为防止罪犯或者嫌疑犯的脱逃;为防止证据的湮灭;为保护警察、他人或公众的安全。在通过判例确定了搜查"紧急性"情形的同时,美国法院也通过判例确定了"紧急性"情形的判断标准。在判断警察是否得因情况急迫,而无搜查令状进入住宅搜查被逮捕人的标准问题上,Dorman v. United States 一案的判决列出了六项参考因素:犯罪的严重性;合理怀疑嫌疑犯携带凶器;有明显的相当理由,相信嫌疑犯确实涉案;有明显的相当理由相信嫌疑犯在建筑物内;若不立即逮捕,嫌疑犯极有可能逃逸;警察的进入是和平的。法院应当综合考虑上述六项要素,认定个案是否具有"紧急性"或"情况紧迫"。若具有"紧急性",则无证进入室内搜查被逮捕人为合法;反之,则为非法。在日本,按照"紧急措施说"的解释,"紧急性"是指存在犯罪嫌疑人、被告人逃跑或销证据的危险。也有判例认为,前往执行紧急逮捕的侦查官员在犯罪嫌疑人不在家时,先进入住所搜查、扣押,搜查结束的时候犯罪嫌疑人回到家后,侦查官员遂即加以逮捕的,也视为"逮捕现场进行的搜查、扣押",因而是合法的。这里搜查的"紧急性"表现在逮捕的"紧急性"与"必要性"上,是否持有令状并不影响搜查的合法性。而德国《刑事诉讼法》第105条规定是否搜查,只允许由法官,在延误就有危险也允许由检察院和它的辅助官员决定,亦即"延误就有危险"成为紧急搜查合法性的前提。

3.2.1.3 正当程序原则的遵循

正当程序原则是世界各国与地区的执法机关所必须遵循的基本原则,其最经典的阐述为"未经正当法律程序,不得剥夺任何人的生命、自由或财产"。在住房权保障的领域,正当程序原则在搜查的事先程序、事中程序和事后程序均具有规范效力。下面仅仅阐述执行搜查令状的主要程序。

1. 敲门告知规则

除非在特定情况下执法人员可以不经允许强制执行搜查外,作为一般性的原则,执法人员在执行搜查时应该进行如下一系列行为:敲门、表明作为执法人员的身份、说明进入的目的、请求准许进入。只有在完成上述行为,在请求遭拒的情况下,才可以强制进入。[①] 之所以如此要求,

---

① Joshua Dressler, understanding criminal procedure, Matthew Bender, 2002, P199.

一是它减少了暴力的危险,因为不做任何告知地进入可能使个人认为他的安全受到威胁并促使他采取抵抗措施;二是它通过最大限度降低进错房屋的几率而保护隐私,即使没有错误时,也给那些房屋里面的人短暂的准备时间;三是通过给予所有人容许警察官员的机会防止损害房屋。① 尽管敲门告知规则具有如此重要的意义,但是同样不可否认的是,如果在所有的案件中均严格执行该规则可能会造成证据的灭失或者危害执法人员以及其他人员的人身安全,因此,在美国,确立了敲门告知规则的一系列例外规定。具体来说,这些例外包括②:一是如果居住者已经警觉到执法人员的出现,那么就不需要敲门和宣告;二是如果执法人员有正当理由相信他或她或者其他人的生命受到威胁,那么执法人员在进入房屋之前也不需要宣告他或她的出现或者进入的目的;三是执法人员有理由相信宣布可能导致证据被毁灭、或者执法人员正在紧追逃跑的嫌疑人,那么他们也不需要之前的宣告以及允许进入的请求,就可以直接进入房屋;四是如果执法人员真诚地相信被搜查的房屋没有人居住,那么他们不需要敲门并告知。在实际执行搜查证的过程中,还有可能存在这样一种情况:警方敲门但是无人应答。对此,美国法院的态度是:如果执法人员敲门,并且执法人员知道居住者此刻在屋内,但是无人应答,执法人员可以破门而入,但是执法人员应当留给屋内的人一定的反应时间。③

2. 夜间搜查之禁止原则

侦查机关对有人居住或看守的住宅或其他场所,除法律有特别规定外,不得于夜间入内进行搜查。这就是所谓的夜间搜查之禁止原则。西方发达国家的刑事诉讼法基本都确立了此一原则。例如美国《联邦刑事诉讼规则》第 41 条第 3 款第 1 项规定:"除非有特别必要并且经搜查证

---

① [美]伟恩·R.拉费弗等著:《刑事诉讼法》,卞建林等译,中国政法大学出版社 2003 年版,第 191 页。
② [美]吉尔伯特·B.斯达克:《执法人员刑事证据教程》,但彦铮等译,中国检察出版社 2007 年版,第 290 页。
③ Steven L. Emanuel, Criminal procedure, Citic Publishing House 2003, P57.

明确授权外,搜查不得在夜间进行。"而根据美国联邦刑事诉讼规则的解释,这里的夜间指白天早上 6 时以前晚上 10 时以后。英国规定对于场所搜查应当在签发搜查证后一个月之内于合理的时刻执行。而根据《1984 年警察与刑事证据法》第 16 条第 2 款和第 3 款规定,合理的时刻是指屋主或其他人可能在场的白天时间,在屋主或其他人可能正在睡眠的时刻,不得进行搜查。法国法规定除非屋主提出要求或法律另有规定,对住所包括嫌疑人的住所和其他人的住所的搜查不得于 6 时以前和 21 时以后进行。这一要求不仅适用于现行犯案件的侦查,也适用于预审法官进行的正式侦查。德国法对于搜查时间的规定与法国类似,但是德国对于夜间作出了灵活而具体的规定。根据德国刑事诉讼法的规定,从 4 月 1 日至 9 月 30 日,夜间指晚上 9 时至凌晨 4 时;从 10 月 1 日至 3 月 31 日,夜间指晚上 9 时至凌晨 6 时。① 由此可见德国对于夜间搜查法益侵害的重视程度以及规范的可操作性。日本和我国台湾地区有关搜查时间的规定以日落日出为界限,而没有指明具体的时刻,即:除非搜查证上写明可以在夜间搜查的,不得于日出以前、日落以后进入有人居住的或看守的住所、建筑物、船舶内。②

在论及夜间搜查之禁止原则时,我们还必须厘清"限制于夜间搜查与"住宅和其他场所"的具体内涵。各国立法中对夜间搜查的时间限制是指进入的时间,而非终结执行或退出的时间。因此,只要是依法入内而开始执行搜查的,即使执行时间延续至夜间,也不属于违法之列。但是,如果在开始搜查之际已经可以判断绝大部分的搜查将在夜间进行,例如黄昏日落时入内进行大规模搜查,并彻夜进行;或将可在白昼完成的搜查故意延续至夜间,则有规避禁止夜间搜查原则之嫌。因此法律禁止这种搜查,否则,禁止原则将有沦为任由侦查人员处置的危险。③ 所谓的"住宅和其他场所"其范围几乎囊括了绝大部分有人居住或看守的住宅、处所,仅将"无人居住且无人看守的住宅或处所"排除在外。"有

---

① 孙长永:《侦查程序与人权》,中国方正出版社 2000 年版,第 112~119 页。
② 孙长永:《侦查程序与人权》,中国方正出版社 2000 年版,第 115~119 页。
③ 林钰雄:《搜索扣押译释书》,元照出版有限公司 2001 年版,第 263 页。

人居住"包括白天无人晚上有居住或看守,以及白天有人晚上无人居住或看守;平日无人假日有人居住使用的度假别墅;或平日有人假日无人的办公场所。① 日本《犯罪侦查规范》第222条第2款将"船舶",德国刑事诉讼法第104条将"办公房间""有围圈的产业"也列入了禁止夜间搜查的范围。这里需要阐明的是对于上述的"白天有人晚上无人居住或看守的场所"亦不得于夜间搜查,究其原因是立法作出了概括性的解释,将所有的私人居住领域纳入禁止夜间搜查的范畴,扩大了对公民住房权的保护范围。

3. 搜查证的时效性原则

搜查证之所以明确规定搜查证的有效期限,其目的在于防止执法人员库存搜查证。《美国联邦刑事诉讼规则》规定:有证搜查必须在搜查证规定的10日内进行。

4. 搜查证的一次使用原则

指定搜查证必须归还给法官,一张搜查证仅能使用一次,搜查一旦终结,无论执行成效如何,搜查证则因使用过了而失效,这就是搜查证的一次性使用原则。搜查证的一次性使用原则要求,搜查执行后,纵使其后发现有漏搜之处或漏扣之物,也不得持原搜查证返回重新搜查,要想对漏搜之处或漏扣之物重新搜查,必须重新申请搜查证。为了防止搜查证执行后,但是搜查证仍在签发主体核定的有效期内,执行人员利用搜查证重新实施搜查行为,《美国联邦证据规则》第41条规定,搜查证执行后应当尽快归还给搜查证的签发主体,并且在搜查证中对此予以明确的提示。

3.2.1.4 比例原则的遵循

即使执法人员获得了合法的搜查证,其执行的方式还必须具有合理性,并且应当遵循比例原则。比例原则要求警察机关所选择的搜查措施必须与搜查所欲追求之目的成比例、相一致。其主要包括三方面内容:一是适当性,即警察机关所采取的搜查措施必须要与搜查目的相适合,

---

① 林钰雄:《搜索扣押译释书》,元照出版有限公司2001年版,第277页。

不能脱离搜查目的滥用搜查手段；二是必要性，即警察机关必须在若干能达成搜查目的之措施中，选择一个使住房权人损失最少的措施；三是合比例，即在决定是否采取搜查或采取何种搜查措施时，必须要衡量个人利益与公共利益，搜查措施只有在能实现更大社会利益的情形下才有意义，如果收益低于对公民、法人造成的损失，该搜查措施就不具有正当性和合理性。

就附带搜查而言，为了遵循比例原则，附带搜查应当具备"必要性"。其内涵包括积极条件和消极条件两个方面："积极条件"是指附带搜查的实施具有一定的事实依据；"消极条件"是指执行人员如果不及时采取搜查措施，犯罪嫌疑人就很有可能脱逃或者涉嫌犯罪物品或证据灭失的危险性就会增加，从而对案件的侦破带来较大的阻碍。"必要性"条件并不要求相关情况一定会发生，但必须是合理确信的。例如，英美国家的附带搜查必须具备有"合理的理由"这一条件。根据英国《1984 年警察与刑事证据法》第 32 条第 5 款、第 6 款的规定，除非警察"有合理的理由相信"人身或场所具备其他条款规定的情形，否则警察无权进行附带搜查。日本《刑事诉讼法》第 220 条也有相关规定：检察官、检察事务官或司法警官职员在进行附带搜查时，应在"有必要时"才可以进行。

为了体现比例原则的基本精神，世界各国无不通过立法或司法对住房的搜查进行了严格的规制。

第一，为了保障搜查行为的顺利进行，尽管允许警方在遭拒的情况下强行进入住房进行搜查，但搜查行为不能对公民的住房权造成过多的侵害。例如，联邦最高法院在判决 United States v. Ramirez 一案[1]中认为：在搜查过程中对财产过度或者不必要的毁坏违反了联邦宪法第四修正案，尽管进入搜查本身是合法的并且搜查的结果也不会受到排除。

第二，隐私权的保障。在搜查的执行过程中，要充分考虑被搜查人

---

[1] United States v. Ramirez, 523 U. S. 65 (1998).

的隐私利益。在 Wilson v. Layne① 一案中,美国联邦最高法院一致认为:除非媒体对于搜查证的执行有所帮助,在搜查证的执行过程中警方允许媒体随行违反联邦宪法第四修正案关于搜查合理性的规定。

第三,搜查人数的限制。为了避免来自于公众或嫌疑人的过度反应,有必要将执行搜查的人数控制在一个适度的范围内。如果执法人员的人数看起来不合理的话,法院可能认为搜查超出了合理性的限制。

第四,搜查过程的迅速性。尽管法律不可能对于搜查持续的时间作出明确的规定,但是搜查证的存在不允许搜查无期限地持续。一旦搜查证中提到的物品被找到,搜查就必须停止。没有正当理由的继续搜查或摸底搜查,是违法的。对此,有学者警告:如果搜查的持续时间看起来是不合理的,那么搜查就超过了合理性的限度。

3.2.2　事后审查:非法证据排除规则与搜查证攻击制度

在英美法系国家,对搜查行为除采取令状主义的事先审查外,针对无证搜查和扣押的情形,还建立了事后的司法审查制度,该制度通过非法证据排除规则的适用,由法官对无证搜查、扣押情形所可能出现的不正当处分进行审查,并对依此收集到的证据是否具有可采性进行自由裁量,通过对非法证据排除规则的适用,保障公民的住房权免遭任意侵犯。

所谓非法证据排除是指,对侦查机关非法搜查和扣押所得的证据予以排除,不得进入法庭审判程序。对于警察而言,其搜查和扣押的直接目的便是为了获取案件证据材料,或者说获取案件证据材料是警察搜查行为的重要心理动因,而非法证据排除规则的确立,使警察违法搜查所获得的"利益"——证据被剥夺,从心理学角度上来看,"利益"的剥夺对警察的心理形成了一种强制,而使违法搜查现象受到抑制。而从犯罪嫌疑人或被告人的立场来分析,警察因违法搜查行为而付出的代价对其而言则是一种利益上的补偿和救济。在英国,根据《1984 年警察与刑事证据法》第 78 条规定要求法官在排除某一证据时必须对该证据的证明价

---

① Wilson v. Layne, 526 U.S. 603 (1999).

第 3 章　公民住房权司法保障的域外考察

值与其对诉讼的公正性所产生的不利影响进行权衡,法官在此应把握的基本尺度是,应当保证被告人受到公正的审判,并排除所有严重妨碍被告人获得公正审判的证据。而在美国,根据宪法第四、第五、第六、第十四修正案有关规定,非法证据排除被视为一种刚性的规定,联邦及各州法院均对警察违法搜查扣押所获得的证据采取强制排除的态度。

非法证据排除规则是美国联邦最高法院在 1914 年威克斯诉美国一案中所确立的。① 在此一宪法判决中,美国联邦最高法院裁决,联邦法院在审判中不得采用非法搜查取得的证据。大法官威廉德的法庭意见认为:"如果能够以这种方式扣押这些信件和私人文件并将其作为指控被告违法的证据的话,那么,宪法第四修正案所保护的人民不受非法搜查和扣押的权利就形同虚设。如此,还不如从宪法中将其删除为好。""如果不是要公然地违抗宪法",法庭就不会"以司法判决的方式来认可一个对宪法禁止性规范的明显疏忽","政府公务员以执行公务为幌子,从被告的住宅拿走那些能否成为证据尚存疑问的信件,直接侵犯了被告的宪法权利……法院应该退还被告的信件,保有这些信件并允许将它们作为法庭证据用于审判,是在犯一个后果严重的错误"。显然,联邦最高法院是想通过确立非法证据排除规则来管制警察的非法搜查行为,以保障公民的住房权。②

由此可见,域外发达国家在刑事搜查领域建立了相当完善的救济机

---

① 该著名宪法案件的案情是,威克斯是美国密苏里州堪萨斯城的一家快递公司的雇员。1911 年,他被当地一警察逮捕,但是该警察没有携带逮捕证。其他警察来到威克斯的住所,通过一个邻居了解钥匙存放处。拿到钥匙后,警察搜查了威克斯的住所,带走了许多文件和物品,然后交给了检察官。就在同一天,警察和公诉人再次搜查了被告的住所,拿走一些信件和信封。无论是警察还是公诉人都没有搜查证。基于从威克斯住所取得的证据,威克斯因为非法输送赌博物品被提起公诉。威克斯要求返还从自己住所搜走的物品,并反对将这些物品作为证据使用。理由是警方是在没有搜查证的情况下获得的这些文件,并且擅自闯入他的家中,侵犯了宪法第四修正案及第五修正案规定的公民权利。该抗辩被联邦地方法院驳回。

② 参见刘海鸥:《论美国联邦最高法院对美国警察搜查权的调控——以非法证据排除规则演变为视角》,载《北京人民警察学院学报》2007 年第 4 期。

制。其主要内容是:通过实行令状主义进行事前审查;对紧急情况下侦查机关采取的无证审查进行事后审查,以检验行政机关是否存在侵害公民住房权的行为;运用非法证据排除规则,对侦查机关非法收集的证据予以排除,从而达到保障公民的住房免受不合理搜查与扣押的威胁。

除了上述针对无证搜查的司法审查制度外,针对有证搜查,西方发达国家还确立了搜查证的攻击制度。该制度表明,签发了搜查证以及根据搜查证扣押财产这一事实,并不能阻止来自于被告人对搜查证的攻击,如果攻击成功,可能被排除作为证据适用,或者有罪判决也可能因为上诉被推翻。在美国,对搜查证的攻击主要是从以下三个角度进行的:

第一,搜查证的签发缺乏相当理由。对搜查证进行攻击最有效的方法在于声称搜查证的签发缺乏表面上的相当理由。也就是说,被告人声称警方向签发主体提供的事实且不论其真实与否,即使假定其真实性,这些事实也不足以确立签发搜查证必须具备的"相当理由",在这种情况下搜查证的签发毫无疑问是无效的,那么执法人员持无效的搜查证进行的搜查就是有瑕疵的执法行为。在这里必须注意的一个问题是:执法人员凭无效的搜查证进行的搜查行为并不必定是无效的搜查行为,也并不必然导致搜查所得的证据必须排除在审判程序之外。如果执法人员能够证明其符合"善意例外"的条件,那么即使搜查证的签发缺乏相当理由,执法人善意的相信搜查证的有效性并且严格按照搜查证的内容执行搜查行为而获得的证据则不需要排除。

第二,对签发搜查证所依赖的事实的真实性进行争执。针对搜查证攻击的第二个有效的方法是:对搜查证的申请书所列举的事实的真实性进行争执。如果搜查证的签发符合表面上的相当理由,那么被告人只能对警察机关申请搜查证所提供事实的真实性进行攻击。为此,被告人必须能够满足如下几个条件:(1)首先通过实质性的初步证明显示申请书含有虚假陈述,并且该虚假陈述是由执法人员作出的,而且执法人员对自己做出的虚假陈述要么是明知和故意的,要么是完全不计后果的漠视事实真相。(2)证明执法人员的虚假陈述是建立"相当理由"所必不可少的。如果即使没有虚假陈述仍有充足的信息建立起"相当理由",那么执法人员的不实陈述将被作为一种"无害错误"对待。如果被告人能够证明以上两点,那么它就有权开启证据性听审程序,在该程序中被告人必须以优势性证据证明执法人员对其作出的虚假陈述是明知或者是不计后果的。如果它能证明这一点,法官将把该虚假陈述从申请书中剔除,然后再审查剩余的信息是否足以证明实施搜查具有相当理由。如果其他的信息不足以建立"相当理由",那么搜查证以及随其而来的搜查行为将被认为是非法的。

第三,搜查证的执行不当。针对搜查证进行攻击的第三种方法为:对搜查证执行的合法性以及合理性提出质疑。需要说明的一点是,与对搜查证的签发的质疑相比,对搜查证的执行进行质疑,其产生的后果有很大的不同。如果对搜查证的签发攻击成功的话,一般会排除通过该无效的搜查证获得的证据,而对于搜查证的执行不当的攻击一般不会导致通过搜查证获得的证据的排除,除非执行严重违法。就搜查证的不当执行来说,不合法的执行行为相对于不合理的执行行为其产生的后果要严重得多。

第 4 章 我国公民住房权受侵害的现状及司法保障的缺陷

公民住宅权的实现需要法律的支持以及司法保障体系的健全。然而,与域外公民住房权完备的司法保障制度相比,由于我国住房制度改革的不成熟以及公民住房权司法保障制度的不完善,使得在城市化刚刚起步的中国出现了严重的住房问题。现实中我们经常能够看到公民住房权屡屡受到侵害,而导致这种侵害现状的原因就在于我国公民住房权司法保障制度还不完备,存在一定的缺陷。

4.1 我国公民住房权遭受侵害的现状

因为我国目前对公民住房权的重视不够,因此在实践中对公民住房权的侵害现象比较严重。在积极住房权领域,由于保障性住房不到位,近年来广大民众的住房支付能力急剧恶化,房价与家庭收入比较其他国家明显偏高,并存在越是社会弱势人群所得到的住房保障越少的不平等现象。在消极住房权领域,主要表现为公权力侵害公民住房权,非法侵入现象相当普遍,包括非法搜查和行政检查。

4.1.1 我国公民积极住房权遭受侵害的现状

随着我国市场经济的迅猛发展,我国城镇居民的积极住房权难以实现的现状和我国公民住房权司法保障制度上的滞后日益显露出来。从实行住房私有化体制改革之后,我国的城镇居民只能通过在房地产市场上购买商品房来解决自身的住房问题,这就产生了居民自身的购买力低

第4章 我国公民住房权受侵害的现状及司法保障的缺陷

下与城镇房价大幅上涨的矛盾。尽管国家制定了一系列相关的保障性住房政策,用以保护弱势公民的住房权与平等权,但是由于政策制定的不合理与落实不到位,现实中侵害公民积极住房权的现象仍然很严重。主要表现为保障性住房不到位、住房平等权受到侵害以及非法驱逐现象严重。

4.1.1.1 保障性住房不到位

从宪法理论而言,积极住房权具有制度性保障的依赖性。因此,政府必须采取适当的立法、行政、司法措施,为公民住房权的享有提供保障,否则,公民的住房权就只能停留在"纸面上的权利"的层面,而无法落实为"行动中的权利"。基于此,确立基本权利的制度性保障原则乃是现代宪法的应有之义。所谓制度性保障原则是指政府在现有财力许可的范围内,应为公民基本权利提供适当保障。为了保障公民能"居者有其屋",按照权利的制度性保障原则,我国逐渐建立起廉租房制度、经济适用房制度、公积金制度。这些住房保障制度在现实中发挥了一定的作用,但与权利的制度性保障原则的要求相距甚远,一方面,保障性住房的供给量严重不足,对于大量需要保障的广大民众而言,其只能是杯水车薪。稍有经济条件的人只能勒紧裤带成为"房奴",而低收入阶层则只能"望房兴叹"。我国公民的住房负担能力急剧恶化。

本来,住宅价格与家庭收入应当维持在一定的比值,此就是所谓的可支付住房问题。可支付性住房是指消费者购买住宅、支付租金的能力,是判断房地产市场是否健康的一项重要指标。如果住房的可支付性低,则政府应适时对市场进行干涉。在美国,法律规定,住房价格支出不应该超过居民家庭收入的30%。另外,房价与家庭收入比(Housing Price to Income Ratio,PIR)也是衡量公民住房负担能力的一个指标。在美国,该指标的最新值为1.178,亦即一个中等收入家庭花费其年收入的117.8%就能购买一套中等价位的住房。我国台湾地区始终保持在4.0~6.0之间。一般说来,在发达国家,房价收入比为1.5~5.5。在发展中国家范围更广泛一些,为4.0~6.1,在一些发展中国家可能还会超过6.0。反观我国,其比值在7.0以上,个别城市在高达20.0左右。例如,在上海,2005年户均可支配收入为54070元,而当时房价平均为9400

元/平方米。以平均购买住房面积为 100 平方米计算,上海总房价与户均收入之比为 18。如此可见,我国公民住房负担能力急速恶化。另外,就横向比较而言,其结论也是一致的。根据日本不动产研究所的报告,2003 年东京地区公寓式住宅的平均单价为 54.5 万日元每平方,折合人民币为 4.3 万元,每套住宅的平均价格为 4096 万日元,折合人民币为 320 万元。目前上海市区的商品房平均单价为 1.25 万元,平均每套售价为 150 万元。这两项数据上海分别达到了东京的 1/3 和 1/2。而 2003 年上海人均收入为东京的 1/15。并且需要指出的是,日本的住房购买均拥有所占土地的所有权,而我国房价中仅仅包含 70 年的土地使用权。另外,根据 2003 年美国商务部的报告,2003 年中期美国的单栋新建住房的全国中间价格为 19.5 万美元,全国平均价格为 24.2 万美元,折合人民币分别为 160 万元和 200 万元。美国的单栋住宅与我国相对应的是同类住宅是别墅。按照上海的当前价格,类型相当的房子价格为 300~400 万元,大约为美国平均水平的 2 倍。① 整体来看,我国的保障性住房仍然不到位。

4.1.1.2 住房平等权受到侵害

作为宪法的基本原则之一,平等保护原则的基本内涵为"同样情况同样对待、不同情况差别对待"。平等保护原则并非要求立法上的绝对平等,反而要求立法机关和政策制定机关对于不同的群体应予以区别对待。根据此一宪法原则,住房保障制度的关注重点应为如下四个方面的弱势群体:处于下岗或处于半下岗状态的职工、因病残而无力买房的城乡人口、刚就业或处于创业初期的年轻人以及进城务工人员。但令人遗憾的是,我国现行的某些政策与措施,不但没能为上述弱势群体的住房权提供制度性保障,反而异化为高收入者攫取资源的手段,严重违背了平等保护原则。

20 世纪 90 年代,我国开始推行城镇住房体制改革。在房改实施过程中,采取"补房不补人"的方式发放房改补贴,形成"有房得利,无房无利,占房越多,得利越多"的现象,严重侵害了公民的住房平等权。其所

---

① 许小主:《走入迷途的中国房价》,载香港《明报》2005 年 3 月 5 日。

第4章 我国公民住房权受侵害的现状及司法保障的缺陷

带来的不良后果是,住房不达标户职工只能打折享有房改待遇,而无房户职工就根本享受不到房改待遇。另外,在我国,房改待遇的落实情况很不平衡:机关、事业单位总体情况较好,职工房改待遇未兑现和兑现不足的人员比例较小;而企业的总体情况则较差,职工房改待遇未兑现和兑现不足的人员比例相当大。本来,公共住房属于国有财产,对之,每个公民所享有的权利应毫无差别。只是,为了兼顾社会公平,可以给予弱势群体以优惠待遇,如果反其道而行之,将优惠政策赋予强势群体,则无疑违背了平等保护原则。

我国的公积金制度也存在违背平等保护原则的情形。本来公积金制度的初衷是通过"个人存蓄、单位资助"的途径,解决中低收入群体的住房问题。但由于我国公积金缴存比例不规范,住房公积金制度进一步拉大了城镇居民收入差距,具体表现在:(1)一些效益好的单位违规超标多缴,住房公积金变相成为高收入行业从业人员的又一高福利。与此形成鲜明对比的是,大量的下岗职工、小型私营企业雇员由于企业破产、执法不力等原因,根本无法享有公积金制度所带来的好处。(2)同一单位高低收入者之间公积金数额有差距。那些最需要住房保障的年轻人,由于工资低,缴纳的公积金费用也就少,出现"福利倒置"现象。(3)城乡之间、正规就业人群与非正规就业人群之间在公积金缴存上存在巨大差异。由此可见,就财富的分配而言,我国住房公积金制度使得"富者更富,穷者更穷"。

其次,就公积金的利用而言,我国住房公积金的优惠利率的享有者主要集中于高收入阶层。调查表明,在北京的公积金借款者中,高收入者占40%,中等偏上收入者占34%,中等偏下和低收入者占26%。在上海公积金借款者中,高收入者占20%,中等偏上收入者占58%,中等偏下和低收入者仅占22%。[1] 高收入阶层成为公积金制度的最大受益者,而那些最需要住房保障的弱势群体则得不到应有的保障,这无疑违背了平等保护原则。

---

[1] 赵小剑:《住房公积金制度"劫富济贫"》,载《财经》2003年第17期,第67页。

在住房保障制度中,另一备受争议的制度便是集资建房。1998年国家宣布停止福利分房,但集资建房的"优惠"政策仍得以保留。按照规定,一些住房困难户较多的工矿区和困难企业,经批准,可以在符合土地利用总体规划等前提下,利用单位自用土地进行集资、合作建房。参加集资建房的对象限定在单位无房户和住房困难家庭。此后,国家又允许科研院所、大专院校和一些事业单位利用自用土地建设经济适用住房,以解决低收入者的住房困难。然而,随着城市土地资源日益稀缺,市场房价越来越高,不少特权单位开始加入到集资建房的大军中,变相搞住房实物福利分配。这些集资所建的住房不但地段好,而且售价低,通常比当地商品房价格低四分之一到三分之一。由此可知,集资建房制度在实践中出现了严重的扭曲现象,其逐渐异化为高收入者的特权,严重违背了平等保护原则。

4.1.1.3 非法驱逐现象普遍

在当今中国,由于经济的高速发展,大量的农村人员不断涌入城市,由于此类人员的购房能力相当有限,于是就出现了大量的"违法建筑"与"群租现象",这在很大程度上影响了市容市貌,增加了治安管理的难度,也容易引发公共卫生事件。因此,合理、合法拆迁非法建筑、整治群租现象是政府的职责所在,但由于涉及公民积极住房权的问题,在公民的住房权得不到保障的前提下,悍然将公民从住房中驱逐出去,既有违我国政府签署的《经济、社会和文化权利国际公约》,也不利于和谐社会的建构,更容易引发严重的社会问题。在近几年所发生的侵害公民积极住房权的事件中,非法建筑的拆除、群租现象的整治成为新闻媒体所关注的焦点。

1. 非法建筑的野蛮拆除

世界工业化进程表明,任何一个高速发展的城市都面临着市容与城建新旧杂陈的问题,对破败或违法修建的城市建筑进行拆除,虽然是政府的职责所在,但任何一项公共权力都必须合理行使,如果因为政府的拆除行为,导致公民流离失所,无家可归,那么其合理性就值得质疑。

在我国,违法建筑是指违反《土地管理法》、《城市规划法》、《建筑法》和《村庄和集镇建设管理条例》等法律规范而修建的房屋及其设施。

第4章 我国公民住房权受侵害的现状及司法保障的缺陷

其主要包括:(1)未申请或申请未获得批准,未取得建设用地规划许可证和建设工程规划许可证而建成的建筑;(2)擅自改变建设工程规划许可证的规定建成的建筑;(3)擅自改变了使用性质建成的建筑;(4)擅自将临时建筑设计成为永久性建筑。其中,大多数非法建筑,由于不涉及公民的积极住房权,在不侵害公民财产权的情形下,政府对之进行强制拆除是合法的。但是如果某一非法建筑存在有一段时间,居住者又没有其他住所时,此时属于生存权范围的住房权就具有对抗政府拆除权的效力。如果政府对之进行强制拆除,不但行为违法,而且应承担相应的国家赔偿责任。但是中国,有些行政机关,却有意无意忽视公民的合法权益,野蛮拆除的现象比比皆是,严重破坏了政府形象,侵害了公民的住房权,使得弱势群体,特别是农民工难以在城市中立足和生存下去。例如,深圳市宝安区民治街道办上塘工业区龙塘社区旁的一块土坡上,住着十几户、几十口人,他们来自广东、广西,大多以养猪为生,他们在这里居住时间最长的达15年。2007年8月31日,由深圳市宝安区民治街道执法队牵头、200多工作人员和20多个民工参与,共同制造了一场轰动世界的拆除事件。在拆除过程中,拆除人员将七八十名住户带到一边,然后,放火将他们居住的茅棚,即"违法建筑"烧掉。这把火,不但烧掉了非法建筑,也烧掉居民仅有的那些微薄的家产,例如桌子、床、水桶、衣物等生活必需品等,当然还有政府执法所应有的文明含量与道义基础。政府这种"不问时段、不问原因、不惜一切代价"对"违法建筑"实施强制拆除的行为,完全忽视了公民的财产权与住房权,并且手段极为野蛮,也难怪引发了社会舆论的强烈反响。

2. "群租"现象的集中整治

所谓"群租"是指某一建筑单位的所有人或使用人改变该建筑单位的建筑结构与平面布局,把房间分割成尽可能多的若干小间后,再次向两个以上的社会人员分别按间出租或按照床位出租而形成的租赁关系。[①] 在政府看来,群租缺乏足够的居住空间,缺乏足够的安全设施,还

---

① 屠振宇:《"群租"整治令与宪法隐私权》,载《山东社会科学》2008年第4期。

存在消防、卫生、安全等诸多隐患。同时,众多的群租客户还对居民的生活造成了一定的影响。因此群租现象成为一些大型城市重点整治的对象。2007年6月19日,上海市政府新闻发言人焦扬在例行新闻发布会上透露,上海拟用3年时间基本消除群租现象。为了整治群租现象,上海市房屋土地资源管理局于2006年年底颁布了《关于加强居住房屋租赁管理的若干规定(试行)》(以下简称《规定》)。该《规定》第一条明确规定:"一间房间只能出租给一个家庭或一个自然人,出租给家庭的,家庭人均承租的居住面积不得低于5平方米。"据此,上海市对群租现象进行了集中整治,从而引发了舆论的激烈争论。

从宪法的角度而言,一刀切地集中整治"群租"问题,有侵害公民积极住房权的嫌疑。受上海房价过热、炒房等原因,现在整个上海房屋出售价格价和租赁价格都偏高,对于刚参加工作的大学生和低收入就业者(如饭店服务人员)来说,唯有选择群租才能降低他们的居住成本,才可能在上海生存和发展下去。如果取消群租,相当一部分刚毕业的大学生根本无法在上海落脚,更谈不上发展了,而低收入的就业者也难以承受高昂房租,而无法在上海居住和生存下去。对于这部分人群,政府本应该为之提供保障性住房。在政府保障性住房严重缺位的情形下,公民不得不选择群租,而政府对之还要集中整治,于情于法,都行不通。从某种程度而言,在没有为弱势群体提供符合人格尊严的住房之前,政府的集中整治行为,违反了自身应负的宪法义务,侵害了公民的积极住房权。

4.1.2　我国公民消极住房权遭受侵害的现状

我国《宪法》第39条规定:"中华人民共和国公民的住宅不受侵犯。禁止非法搜查或者非法侵入公民的住宅。"《中华人民共和国刑法》第245条规定"非法搜查他人身体、住宅,或者非法侵入他人住宅的,处三年以下有期徒刑或者拘役"。但是在现实中,公权力侵害公民住房权的事件频频发生,并很大程度上造成了公民隐私权、财产权的损害,破坏了政府的形象。总结现实存在的种种侵害公民消极住房权的行为,可以将之归结为两类:一是刑事搜查侵害住房权;二是行政检查侵害住房权。

第4章 我国公民住房权受侵害的现状及司法保障的缺陷

下面分别阐述之。

4.1.2.1 非法搜查现象严重

所谓刑事搜查是指侦查人员依法对犯罪嫌疑人以及可能隐藏罪犯或者罪证的人的身体、物品、住处和其他有关地方进行搜寻、检查的一种侦查行为。因为刑事搜查直接关系公民的人身和住房等基本权利,为此,我国相关法律对之进行了严格的规定:第一,侦查人员搜查人身或住处,必须是为了收集犯罪证据,查获犯罪嫌疑人之目的。搜查的范围必须是与罪犯和隐匿罪犯或罪证有关的地方;第二,搜查必须由人民检察院和公安机关的侦查人员进行,其他任何人或单位都无权进行搜查;第三,进行搜查必须向被搜查人出示搜查证,只有在执行逮捕、拘留的时候,遇有紧急情况,才可以不另用搜查证进行搜查;第四,搜查时,应当有被搜查人或他的家属在场,还要有邻居或者其他见证人在场;第五,搜查妇女的身体应当由女工作人员进行;第六,进行搜查必须制作搜查笔录。

虽然,我国法律对刑事搜查规定了如此严格的程序,但由于个别办案人员的程序意识较差,不按照法律规定的程序办事,侵害公民住房权的案例时有发生。沈阳兴城市发生的非法搜查致人精神病案件就是一个典型案例。2004年5月17日23时许,被告人曹某(无业人员)为获取"线费",给在公安机关做协勤的被告人张某打电话称,在辽宁兴城某住宅楼内有容留卖淫嫖娼的犯罪行为。张某与被告人王某(兴城公安局民警)商量后,由被告人王某用手机分别通知被告人刘某、魏某(均为兴城公安局民警)和赵某(协勤人员)。6人聚齐后来到该楼2单元201号常某家门外后,没有敲开门。在无任何犯罪证据、未办理任何法律手续的情况下,王某等4名被告人先后爬梯子通过窗户进入受害人张某家中,打开房门,让被告人魏某、张某进入室内。在未查到室内有卖淫嫖娼人员后,6名被告人离去。受害人常某因受惊吓而患急性应激性障碍。①

---

① 侯晓焱:《对一起警察非法搜查致人精神失常案的解读》,参见 http://www.china.com.cn/chinese/law,最后访问时间为2007-3-15。

4.1.2.2 行政检查相当随意

所谓行政检查是指行政主体依据其享有的法定职权,为保障法律、法规、规章及行政处理、行政命令等得到遵守和执行,依法对公民、法人和其他组织守法、履行法律义务情况进行监督、检查、了解的行政法律行为。[①] 由于现行法律对行政检查的程序规定过于简单,缺乏可操作性,致使行政检查侵害公民住房权的情况相当普遍。例如,某市烟草专卖局根据消费者的投诉,对王某涉嫌非法经营卷烟的商店进行了监控。监控发现王某经常从家中提取大量卷烟,送往其商店隔壁的缝纫铺进行秘密销售。据此,烟草专卖局决定立案处理。2003年1月9日,经过数日外围的查证工作,烟草专卖局的执法人员持烟草管理行政执法证及检查证,对王某的住宅、商店及其相邻的缝纫铺进行检查,并在王某母亲在场的情况下,从住宅检查出6个品种的卷烟计37条。另外,在缝纫铺也查获12条卷烟。经现场勘验,执法人员发现所有卷烟既无防伪标志,又无当地烟草公司印章,遂予以暂时扣押。王某不服,向法院提起行政诉讼,请求确认被告检查住宅的行为违法,并判令被告返还所扣卷烟。法院认为,被告在证据确凿的前提下,根据烟草专卖管理法等相关规定,在原告成年家人在场的情况下,持行政执法证及烟草检查证,对原告存储大量涉嫌非法卷烟的住宅进行检查,并未构成对住宅的非法侵害。原告关于被告必须持公安机关的搜查证,并有公安人员相配合,方能进入住宅检查的观点,缺少相应的法律依据。[②] 由于被告对暂时扣押的涉假卷烟正在进行技术鉴定,故对原告要求返还卷烟的诉请不予支持。为此,法院

[①] 唐城:《行政检查性质及其法律控制研究》,苏州大学2005年硕士论文,第29页。
[②] 这个观点实际上符合国家烟草专卖局的解释。国家烟草专卖局在一个复函中指出:安徽省烟草专卖局:你局《关于烟草违法当事人经营场所界定的请示》收悉。经研究,同意你局《关于池洲烟草专卖局执法检查中若干问题请示的批复》中对经营场的界定,即违法经营烟草专卖品的场所指直接违法从事烟草专卖品的生产、批发、零售的营业场所以及库存违法经营烟草专卖品仓库和其他隐匿烟草专卖品的场所。如果违法经营烟草专卖品的当事人拒绝烟草专卖人员的合法检查,必须与公安部门配合,公安人员依法实施强制检查手段。参见《行政执法人员焉能因履行职务获罪》,http://www.jnlawyer.com。

依法判决驳回原告的诉讼请求。原告不服并上诉,二审维持原判。[①] 该判决一出,立即引发了法学界的热论讨论。许多学者认为被告的行为不合法,不应当予以支持,这是因为法律仅仅授予公安机关和法院在刑事和民事诉讼程序中可以搜查嫌疑人的住所。

另外,该案件的判决还会引发一个重大的法治问题,因为如此判决还为个别人试图用"行政检查"代替"刑事搜查"提供了制度性保障。在现实中,有人就会利用此一法律漏洞,规避刑事搜查的严格要件,以行政检查之名行"刑事搜查"之实,从而肆无忌惮地践踏宪法所保护的公民住房权。公安部新近出台的《公安机关办理行政案件程序规定》第67条已经规定:"为了收集违法行为证据、查获违法嫌疑人,经县级以上公安机关负责人批准,可以对可能隐藏违法嫌疑人或者证据的场所进行检查。检查时,须持有检查手续,并表明执法身份。"这里的检查手续显然不是搜查证,但却可以用来行"刑事搜查"之实。这样,我国所构建的对公民住房权的宪法保护,就会在现实中大打折扣。

4.2 我国公民积极住房权司法保障的缺陷

由前文我们知道,公民住房权的有效实现受到国家自然资源、经济发展水平等因素的影响和制约,我国目前还是一个经济刚刚起步的发展中国家,公民住房保障范围的扩大化必然会使我国的中央和地方财政无力支撑,非但实现不了全民福利的虚幻目标,反而会使国家低收入阶层的住房权都无法得到真正的保障和实现。伴随着我国住房制度改革的深入,我国已经相继颁布了一系列的住房保障法律、法规。尽管这些法律、法规在一定程度上起到了促进国家住房政策切实推行的作用,但是与发达国家相比,我国目前还没有建立起一个完整的住房权保障法律体系。尤其是宪法救济的缺失和司法救济途径的不完备,已经成为我国公民积极住房权司法保障中最严重的缺陷。

[①] 参见 http://www.chinacourt.org/public,最后访问时间为 2008-10-12。

4.2.1 保障性住房分配制度不合理

我国廉租房的主要分配对象为具有城镇户口的双困难家庭,即满足低保条件,同时人居面积低于某一标准的家庭。这一范围无疑是狭窄的,从而将广大的农民工、城市打工者、城乡结合部失地的农民等弱势群体排除于外。而经济适用房的保障对象则为城镇中低收入者,由于我国的人口结构不是纺锤形,70%~80%的城镇居民属于中低收入阶层。如此广泛的保障范围必然使得经济适用房"僧多粥少",从而使得中高收入阶层将低收入阶层挤出经济适用房的现象。由此可见,保障性住房范围的不科学性极大影响了廉租房制度、经济适用房制度的功效。

与此同时,我国当前经济适用房分配制度尚未实现透明化,很容易产生暗箱操作的情况,其结果使得大量经济适用房落入并不缺房的高收入者手中,有些城市甚至出现有市民"开宝马车买经济适用房"的荒谬现象。2005年全国工商联房地产商会建立的 REICO 工作室发布的《经济适用房政策评价》指出,2005年北京市经济适用房自用率仅为51.34%。这说明,北京市经济适用房中有一半被作为投资性房产出租或出售,富人化趋势明显,成为中高收入家庭转手盈利的工具,剥夺或侵占了中等偏下收入家庭的权利。监管的缺位,致使住房保障制度在操作中背离初衷。有些开发商利用政府监管的漏洞,虚列成本,加价销售,使得经济适用房的价格与普通商品房相差无几,经济适用房变得并不"经济"。另外,开发商为了追求利益的最大化,任意增大经济适用房的面积,将经济适用房建到120~150平方米之间,与普通商品房面积相当,从而造成经济适用房总价过高,一般的中低收入者无法负担,只能"望房兴叹"。

4.2.2 宪法救济的阙如

早在2500年之前,雅典伟大思想家亚里士多德就认为"法治"应当包含两层含义:一是公民恪守已颁布的法律,二是公民们所遵从的法律

第4章 我国公民住房权受侵害的现状及司法保障的缺陷

是制订得优良得体的法律,因此,良法是法治的前提。① 为了确保国家所制定的法律为"良法",当今世界各国均建立了法律的违宪审查制度。我国历部宪法均很重视违宪审查制度的建构,无论是1949年的《共同纲领》,还是1954年、1978年、1982年的《宪法》都规定了违宪审查制度。根据现行《宪法》第67条文规定,全国人大常委会享有"解释宪法,监督宪法的实施"、"解释法律"、"撤销国务院制定的同宪法、法律相抵触的行政法规、决定和命令"、"撤销省、自治区、直辖市国家权力机关制定的同宪法、法律和行政法规相抵触的地方性法规和决议"的权力。在此基础上,《立法法》则进一步明确了我国违宪审查的程序。另外,修订后的《行政法规、地方性法规、自治条例和单行条例、经济特区法规备案审查工作程序》、《司法解释备案审查工作程序》建立了一套行之有效的法规备案审查机制。虽然我国所搭建的违宪审查制度的基本框架,与西方的相关制度在本质上存在很大的差异,但两者在废除恶法,保障公民权利方面所具有的功能是一致的。不过令人遗憾的是,至今具有中国特色的违宪审查制度还尚未真正运行起来。全国人大常委会除了对香港基本法进行了三次解释外,还未明确行使过违宪审查的职权,存在严重的不作为现象。

全国人大常委会的不作为,致使一些侵犯公民积极住房权的行政法规、地方性法规、行政规章、地方性规章不能及时被撤销。例如,《城市房屋拆迁管理条例》就存在严重的违宪问题。《中华人民共和国宪法》第13条规定:"国家保护公民的合法的收入、储蓄、房屋和其他合法财产的所有权。"第39条规定:"中华人民共和国公民的住宅不受侵犯。禁止非法搜查或者非法侵入公民的住宅。"住宅不受侵犯是公民享有的基本权利,关系到公民的生命是否有保障,生活是否安定,攸关公民的生存,是公民的生存权和基本人权。按照《立法法》的规定,涉及对民事基本权利及财产权利的调整只能由基本法律调整。而根据《宪法》第62条的规定,基本法律的制订主体只能为全国人民代表大会。而《城市房屋拆迁

---

① 徐祥民、秦奥蕾:《政体与法治?重读亚里士多德》,载《山东社会科学》2001年第5期。

管理条例》只是由国务院制定的行政法规,显然违背了宪法的相关规定,也与《立法法》所确立的法律保留原则相抵触,因此应予以撤销。但是由于我国的违宪审查制度没有真正激活,尽管有许多公民向全国人大常委会提起违宪审查的建议,①但《城市房屋拆迁管理条例》至今仍然没有被撤销,公民的积极住房权得不到应有的宪法保障。

4.2.3 司法救济途径不完备

"无救济则无权利",救济的有无与多寡决定着实体权利的实现程度。为了保障公民的积极住房权,法律应该建立较为完备的司法救济机制,但令人遗憾的是,我国现行司法救济却在积极住房权保障上差强人意,与人们的期望相距甚远。例如,《城市房屋拆迁管理条例》第16条第1款规定:"拆迁人与被拆迁人或者拆迁人、被拆迁人与房屋承租人达不成拆迁补偿安置协议的,经当事人申请,由房屋拆迁管理部门裁决。"最高人民法院在《关于当事人达不成拆迁补偿安置协议就补偿安置争议提起民事诉讼人民法院应否受理问题的批复》(以下简称《拆迁批复》)中则进一步指出:"拆迁人与被拆迁人或者拆迁人、被拆迁人与房屋承租人达不成拆迁补偿安置协议,就补偿安置争议向人民法院提起民事诉讼的,人民法院不予受理,并告知当事人可以按照《城市房屋拆迁管理条例》第16条的规定向有关部门申请裁决。"该《拆迁批复》包括两层意思:其一,拆迁补偿安置协议引发的法律纠纷,应当通过行政裁决程序加以解决;其二,法院对于当事人就拆迁补偿安置协议提起的民事诉讼将不予受理。该批复造成的后果就是行政裁决成为必经程序。因此,当事人只有在不服行政裁决的情形下,才能提起行政诉讼,这在很大程度上不利于公民住房权的保障。原因在于:一是拆迁管理主管部门对被拆迁

---

① 例如,徐州市居民李玲向全国人大常委会提起了《关于审查〈城市房屋拆迁管理条例〉的建议》。其认为,《城市房屋拆迁管理条例》的内容与我国现行宪法以及相关法律相抵触,属于《中华人民共和国立法法》第87条第1款规定的"超越权限的"和第2款规定的"下位法违反上位法的"行政法规,应予撤销。http://shliling.bokee.com/viewdiary,最后访问时间为2008-10-12。

第4章 我国公民住房权受侵害的现状及司法保障的缺陷

人的房屋、附属建筑、临时建筑、违法建筑的认定随意性较大。二是行政裁决机关对拆迁人和被拆迁人的各种异议没有引起充分重视,从而变相剥夺了当事人陈述、申辩的权利。三是房屋拆迁执行部门自身就是行政裁决的主管机关,他们与当事人间的纠纷本身就存在着直接或间接的利害关系,这就直接违背了"自己不能做自己的法官"的自然公正原则。由于行政机关本位色彩的影响,以行政裁决进行权利救济的公正性就令人质疑。实体问题的处理也难以做到公正可言。首先,在行政裁决中,行政机关有很大的自由裁量权,往往会对当事人的申请不作决定,而我国行政机关不愿当被告的心理则进一步加剧了此一局面的形成。其次,由于行政机关的偏见在先,偏向行政机关的几率性很大,行政裁决的客观性、公正性令人质疑。

本来,根据《城市房屋拆迁管理条例》第16条的规定,虽然被拆迁人应当申请房屋拆迁管理部门裁决纠纷,但是如果当事人对裁决不服的,可以自裁决书送达之日起3个月内向人民法院起诉,但最高人民法院的司法解释,彻底改变了法律救济的生态,将被拆迁人置于孤立无援的地步。另外,在一个处于城市化进程的初级阶段的发展中国家,涌入城市的公民由于一时无法找到合适的住所,存在一定数量的非法建筑[①]是不可避免的现象,在西方发达国家,为了保障公民的积极住房权,会在一定程度上容忍非法建筑的存在。但是我国却对非法建筑实行零容忍的司法政策,这无疑会侵犯公民的积极住房权。

4.3 我国公民消极住房权司法保障的缺陷

尽管我国宪法历来注重对消极住房权的保障,如现行宪法第39条

[①] 在我国,所谓违法建筑是指违反《土地管理法》、《城市规划法》、《建筑法》和《村庄和集镇建设管理条例》等法律规范而修建的房屋及其设施。其主要包括:(1)未申请或申请未获得批准,未取得建设用地规划许可证和建设工程规划许可证而建成的建筑;(2)擅自改变建设工程规划许可证的规定建成的建筑;(3)擅自改变了使用性质建成的建筑;(4)擅自将临时建筑设成为永久性建筑。

规定:"中华人民共和国公民的住宅不受侵犯。禁止非法搜查或者非法侵入公民的住宅。"为了落实我国现行宪法有关住房权的基本规定,我国通过立法建构起一套较为完备的法律制度。《刑法》第245条规定:"非法搜查他人身体、住宅,或者非法侵入他人住宅的,处三年以下有期徒刑或者拘役。司法工作人员滥用职权,犯前款罪的,从重处罚。"但是在司法过程中,由于侵犯公民消极住房权的主体主要是司法工作人员,比如刑事搜查与行政检查,这就造成了追究司法工作人员责任的困难。另一方面,由于司法保障中的种种不合理规定,造成了我国公民消极住房权司法保障中存在许多缺陷。

4.3.1 消极住房权的保障范围狭窄

宪法上的"住房"这一概念内涵具有复杂性。首先,它不是那种通常意义上的私人住宅,而是各种一般私生活在物理空间上所展开的场所,其成立也无须具备标准的建筑结构或持续性的占有等时空上的要件。为此,从法解释学意义上说,它可以包括寄宿宿舍、下榻宾馆等其他与私人家屋具有同质性的场所。这一点在各国的学说与判例中均得到承认。德国历史上的《魏玛宪法》第115条是规定住宅不受侵犯的条款,甚至还曾对宪法上的"住宅"做出过著名的论断性表述,称之为所谓的Freisttte,可译为"安栖之所",但又具有"避难之所"的意涵。在美国,虽然宪法第四修正案所保障的住房仅仅是私人住房,但是通过美国联邦最高法院的宪法解释,消极住房权的保障范围已经相当广泛,其包括住所,庭院,商业和经营场所的办公场所,个人特征[1],文件和财产,学校[2]。并且宪法禁止不合理的搜查同样也适用于汽车和其他机动车。[3]反观我国,理论界与实务界均将住房局限于传统的私人住房的狭窄范畴。例

---

[1] 公众不知晓的身体特征以及要侵入身体的检查如血型等大多属于第四修正案的内涵之意。但取得声音、笔迹或者指纹样品不侵害第四修正案保护的利益,因为个人对这些信息是公开的,没有"合理的隐私期待"。
[2] 无论是公立还是私立。这是很有意思的,学校不认为是公众场所而整体存在隐私。
[3] California v. Carney, 471 U.S. 386(1985).

如，我国历来就不承认学生宿舍的宪法地位。2000年11月28日起施行的《最高人民法院关于审理抢劫案件具体应用法律若干问题的解释》第1条规定："户是指他人生活的与外界相对隔离的住所，包括封闭的院落、牧民的帐篷、渔民作为家庭生活的渔船、为生活租住的房屋等。"该司法解释以大学生宿舍不是家庭生活居住地为由，将其排除在"室"、"户"的范围，从而将学生宿舍排除于宪法规定的住房权所保障的范围。由此一来，学校当局可以随意进入大学生宿舍检查卫生，不需要有法律的授权，也不需要遵循法律规定的程序。

4.3.2 刑事搜查程序不周密

4.3.2.1 刑事搜查证的签发主体不中立

自然公正原则是世界各国司法机关所必须践履的一项基本原则，该原则由两条基本规则组成：一是，任何人不应当成为自己案件的法官。根据这一规则，行政机关实施任何行政行为，参与该行为的官员如果与该行为有利害关系，或者被认为有成见或者偏见，即应当回避，否则该行为无效。二是，任何人在受到惩罚或者其他不利处分前，应当为之提供公正的听证或者其他听取意见的机会。为了体现该原则的基本精神，在Shadwick v. City of Tampa一案中[1]，美国联邦最高法院认定搜查证的签发主体必须具备两个条件：一是中立无偏。中立无偏要求搜查证的核发主体对搜查证的核发没有任何利益。因此，美国联邦最高法院在判决中宣称，即使搜查证的核发者是法官，但是如果法官对于搜查证的签发具有财产利益，或者治安法官不但跟随执法人员到达搜查现场，并且积极地参加到搜查活动当中去，那么法官也就丧失了中立无偏性。由此看来，即使是法官也不当然具备签发搜查证的合法资格。二是具有判断相当理由的能力。由于搜查证的核发涉及复杂的相当理由的判断问题，尤其在判断"线人"提供的信息是否能建立"相当理由"时问题更为复杂，因此，搜查证的签发主体仅仅具有"中立无偏"的地位显然是不够的，还

---

[1] Shadwick v. City of Tampa, 407 US 345 (1972).

必须具备判断相当理由的能力。需要说明的一点是:即使搜查证的签发主体具备中立无偏的地位且具有判断相当理由的能力,但是如果其不适当履行其审查职责,也可能导致搜查证无效。

目前我国有关搜查制度的规定,主要见于《中华人民共和国刑事诉讼法》第二章侦查第五节109条至第113条,最高人民检察院《人民检察院刑事诉讼规则》第七章第174条至185条,公安部《公安机关办理刑事案件程序规定》第九章侦查第五节第205条至209条。与国外刑诉法相比,我国刑事诉讼法在搜查程序上的最大区别之一就是将签发搜查证决定权交由侦查机关行使,实行侦查机关内部审查。根据我国《人民检察院刑事诉讼规则》和《公安机关办理刑事案件程序规定》的规定,检察长和县级以上公安机关负责人是搜查的决定者。这样的规定违背了"自然公正原则"的一个基本规则,即任何人不能做自己的法官。由侦查机关来签发搜查证会产生如下弊病:一是现代诉讼理论认为,侦查机关与被追诉人应是平等对抗的两方,而将搜查的决定权交由侦查机关行使,无疑将侦查机关凌驾于被追诉人之上。正因为如此,我国刑事诉讼法才饱受诟病,被指责为一部集权型刑诉法。二是缺乏必要的权力制衡。18世纪的法国启蒙思想家孟德斯鸠有句名言,"一切有权力的人都容易滥用权力,这是万古不易的一条经验","要防止滥用权力,就必须以权力约束权力"。搜查的决定权就掌握在侦查机关手中,这样搜查的决定权与执行权就合二为一,搜查程序启动的随意性与搜查程序的权力滥用现象也就不可避免了。三是影响人们对法治的信仰。"正义不但要实现,而且要以人们看得见的方式实现。"将搜查证的决定权配置给侦查机关,给人以"运动员兼做裁判员"的强烈观感,即使侦查人员秉公执法,也难逃徇私枉法的印象。

4.3.2.2 刑事搜查证的申请要件不明确

由于搜查程序与公民的人身自由、财产权等基本权利息息相关,即便是合法搜查,也会对公民的正常生活造成影响。随意启动搜查程序,必将对公民权利造成极大威胁。因此,搜查程序的启动必须十分慎重。在我国侦查实践中,脱离实际需要、过度使用搜查措施的现象比较严重,

第4章 我国公民住房权受侵害的现状及司法保障的缺陷

其根本原因就在于搜查程序的启动过于随意。

所谓提请搜查的条件,就是侦查人员认为应当进行搜查行为的理由或者根据。设置提请搜查的条件,一方面是使侦查人员的搜查请求更具合理性,另一方面,也为搜查证的签发机关作出正确的判断提供了依据。美国刑事诉讼中,治安法官签发搜查证的最基本要求(条件)有三个:一是有具体搜查地点、对象和要扣押的人或物的告发书;其次是要以宣誓或代誓宣言证实;最后便是要求存在"可能的理由"。所谓"可能的理由",就是执法人员认识到的和掌握的事实和情况可以使一个具有理性认知能力的人相信在某个地方或某人身上可以找到某件东西。也就是说,警察在提请搜查时,必须另有相当的证据证明被搜查的物品与犯罪活动有关并且将会在被搜查的场所或人身上被发现。我国的刑诉法未对提请搜查的条件作出明确规定,只是在195条中规定:"为了搜集证据,查获犯罪人,侦查人员可以对犯罪嫌疑人以及可能隐藏罪犯或者犯罪证据的人的身体、物品、住处和其他有关的地方进行搜查。"细细推敲,就可以发现这样的规定是多么"危险"。因为在没有足够证据之前,任何人都可能是嫌疑人,也可能是隐藏罪犯或犯罪证据的人,在不要求具体说明要搜查的地点和对象,并在有"可能的理由"的情况下,那么侦查人员只要是为了搜集证据,为了查获犯罪人,就可要求对他怀疑的任何一个人的人身、物品、住所进行搜查。

4.3.2.3 刑事执行程序粗糙

对程序的规定越是细密,在实行过程中受主观随意性的影响就越小,规范性就越强,越能体现"程序正义"的精神。美国最高法院用30多年的时间,创设了大量与搜查相关的判例法规则。例如"一目了然"规则、"公开场所"规则等。英国则通过成文法对搜查过程进行调整,1984年颁布了《警察与刑事证据法》,对搜查中的相关问题的规定更为具体,操作性也更强。法国对于搜查过程也进行了相当严格的规定,如搜查的时间、搜查时的见证、搜查笔录的制作等。而我国的搜查过程,法律规定相当粗陋,又无相关规则制约,很多情况都无法律依据可循,因而搜查过程的随意性较大,具体表现在以下几个方面:

1. 无证搜查规定不明确

我国《刑事诉讼法》第 111 条第 2 款规定:"在执行逮捕、拘留的时候,遇有紧急情况,不另用搜查证,也可以进行搜查。"《人民检察院刑事诉讼规则》(下称《检察院规则》)第 179 条重复了上述规定,并增加了"搜查结束后及时向检察长报告,及时补办有关手续"的规定。《公安机关办理刑事案件程序规定》(下称《公安规定》)第 207 条则针对《刑事诉讼法》第 111 条中的"紧急情况"作出了具体解释,即:可能随身携带凶器的;可能隐藏爆炸、剧毒等危险物品的;可能隐匿、毁弃、转移犯罪证据的;可能隐匿其他犯罪嫌疑人的;其他突然发生的紧急情况。虽然我国有类似刑事附带搜查的法条规定,但是,不论立法者、司法实务、学界主流均未将其定位为附带搜查。从《刑事诉讼法》第 111 条本身来看,附带搜查主要并不是"附随"于逮捕、拘留,而是对出于"紧急情况"来不及办理搜查证这种特殊情形设定的权宜之计。附带搜查本质上在于"补救""办证不及"之需[①],该规则更像是有证搜查制度的补充条款,与西方国家的刑事附带搜查只不过有些形似而已。正是因为我国刑事诉讼法在立法初衷上与西方国家存在的这种偏差,因而导致具体制度建构上存在许多纰漏。首先,附带搜查的目的不明确。我国附带搜查不是以保护执法人员及其他相关人员安全和避免证据毁损或灭失为特殊目的,而是与有证搜查一样,以"收集犯罪证据、查获犯罪嫌疑人"统而概之。其次,在附带搜查的适用要件上,我国《刑事诉讼法》第 111 条规定附带搜查必须具备"执行逮捕、拘留时"和"遇有紧急情况"两个条件。但是,该条既可以作"在执行逮捕、拘留的时候"并且"遇有紧急情况"、不另用搜查证也可以进行搜查这样一种"重叠式"理解,也可以作"在执行逮捕、拘留的时候"和"遇有紧急情况的时候",不另用搜查证也可以进行搜查这样一种"并列式"理解,《公安规定》207 条对此作出了"重叠式"理解。第三,从《刑事诉讼法》第 109 条、《公安规定》第 205 条、《检察规则》第

[①] 也正因为这种理解上的偏差,《检察院规则》第 179 条才增加了"搜查结束后及时向检察长报告,及时补办有关手续"的规定。

第4章　我国公民住房权受侵害的现状及司法保障的缺陷

175 条规定的精神和目前司务情况来看,"逮捕、拘留附带搜查"的范围与有证搜查的范围一致,都包括"对犯罪嫌疑人以及可能隐藏罪犯或者犯罪证据的人的身体、物品、住处和其他有关的地方"。这实际上变相将"附带搜查"的范围扩大了。因为根据"附带搜查"的法理,附带搜查的范围是犯罪嫌疑人"立即控制"的范围,即限于犯罪嫌疑人的身体、随身携带的物件、所使用的交通工具以及犯罪嫌疑人立即可以触及的处所。超过此范围的搜查对象,例如对偶然出现在犯罪现场的第三人、目击证人的身体或者随身携带的物件,或者犯罪嫌疑人不可能立即触及的房间或者处所,不能实施附带搜查,否则会形成搜查权力的滥用,执行人员的搜查是非法搜查。最后,我国附带搜查的实施也不需逾越诸如"相当理由"、"合理怀疑"的任何证据门槛。①

2. 搜查时间的规定缺乏

搜查时间有两层含义,一是指搜查必须在搜查证签发后的一定时间内进行,否则搜查证失效;二是指搜查的具体时间。《美国联邦刑事诉讼规则》规定:有证搜查必须在搜查证规定的 10 日内进行,除非有特别必要并经搜查证明确授权外,搜查不得在夜间进行。法国《刑事诉讼法》第 59 条规定,除非屋主提出要求,或者法律另有规定,对住所的搜查不得在 6 时以前和 21 时以后进行。之所以对搜查的时间作出明确的规定,尽量避免在晚间搜查,就是为了减少搜查对公民正常生活的影响,使他们保持应有的安全感。由于我国法律中缺乏这方面的规定,在侦查实践中,何时进行搜查,完全取决于侦查人员根据案情的判断,有些侦查人员申请到搜查证后很长时间并不进行搜查,而是留待"关键"时刻对嫌疑人进行突然袭击(通常是在晚上),从而获取证据。

3. 搜查敲门规则的缺失

"一个人的住宅就是一座堡垒",这是一条古老的西方箴言。住宅不受侵犯,是公民的一项基本权利。为了保障公民的隐私权,警察持证

---

① 杨雄:《论我国刑事附带审查制度的重构——以美国法为参照的分析》,载《福建公安高等专科学校学报》2006 年第 1 期。

入室搜查之前,原则上(紧急情况除外)必须先敲门,待告知开门人自己的身份和目的后,才能要求被允许进入住所。且必须先询问屋主是否同意让他搜查,经屋主自愿地表示同意后,才能进入住所搜查。只有在住房权人拒绝警察进入住宅时,警察才能凭借搜查证强制性进入。在我国,由于缺乏相应的法律规定与司法解释,只要侦查人员持有搜查证,以何种方式进入就任凭侦查人员"相机行事"了。

4. 搜查、扣押的范围过大

在美国,搜查证上必须写明被搜查的地点和将要扣押的人或物品,警察在搜查过程中,搜查和扣押的范围不得超过搜查证上指定的空间范围和物品范围。即使是在"逮捕附带的搜查"中,警察也只能够对被逮捕人"直接邻近的"、可能对逮捕人产生立即攻击的地方进行保护性的搜查。而我国法律未要求在提请搜查证时须有相对具体的搜查地点、对象和要扣押的人或物,搜查证没有指定搜查的空间和物品范围,在填写搜查证上的搜查范围时,往往填写的是:"×××的住宅及有关地方。"在该范围内发现的任何物品,只要是认为与案件有关,就可以扣押。搜查、扣押的范围过大容易导致"抄家式"搜查。

4.3.2.4 事后审查的不周延

我国现行法律欠缺对违法搜查的救济措施规定。在西方国家,被搜查者针对违法的搜查、扣押所获得的证据,可以要求法庭在审判中予以排除,同样,对于实施违法搜查的主体,可以追究相关的纪律责任、民事赔偿责任甚至刑事责任。在我国刑事诉讼法中,缺少这一系列的制裁措施规定。就证据排除规则而言,尽管我国刑事诉讼法和相关的司法解释对非法证据规则有着有限的规定,但是只有对非法言词证据的规定,对于像搜查等类似手段获得的实物证据的排除,尚属立法空白,即使立法增加了对实物证据的规定,由于法律没有对非法证据证明的启动主体、阶段、证明责任分配、证明标准等作出具体可操作性的规定,非法证据排除规则也将成为一纸空文。

第 4 章　我国公民住房权受侵害的现状及司法保障的缺陷

4.3.3　行政检查的司法保障缺位

4.3.3.1　令状主义原则的阙如

西方发达国家中,基于住房权的重要性,不论是刑事搜查,还是行政检查,均坚持令状主义原则。而我国,现行法律并没有确立类似于美国、日本的令状原则。目前在对行政检查权力的规制方面,一般由上级机关对强制性检查行为进行审查,颁发或制作检查证件,持职务证明文件,作为行政检查程序的合法基础。例如,《海关法》第 6 条中就有特殊情形的海关检查需经直属海关关长或者其授权的隶属海关关长批准的规定。[①]其他行政法律法规也均涉及此一问题,例如,《旅行社管理条例》第 35 条、《水污染防治法实施细则》第 17 条、《生猪屠宰管理条例》第 20 条、《中华人民共和国烟草专卖法实施条例》第 52 条等。根据上述法律规定,行政人员进行行政检查必须出示检查证件的规定。但法律法规对证件制作主体和颁发的条件以及证件形式等内容均只字未提,造成机关各自为政,贪图行政效率和部门利益,随意发给机关人员相关证件,导致法律程序规定变成一纸空文毫无意义,相对人对于检查权力主体认识也变得模糊和不确定,使得权利保障失去功能,权力被肆意的挥霍。

如此可见,由于令状主义原则的阙如,行政检查的启动相当随意。"覆巢之下焉有完卵",公民的住房权也只能听任行政机关的自由裁量权了。

4.3.3.2　行政诉讼上的徘徊

在域外,对行政检查的司法审查几乎不存在争议。例如,在美国,法律对行政调查行为的审查是从始至终的,行政相对人要取得相应的救

[①] 《海关法》第 6 条规定:"海关可以行使下列权力:(四)……在海关监管区和海关附近沿海沿边规定地区以外,海关在调查走私案件时,对有走私嫌疑的运输工具和除公民住处以外的有藏匿走私货物、物品嫌疑的场所,经直属海关关长或者其授权的隶属海关关长批准,可以进行检查,有关当事人应当到场;当事人未到场的,在有见证人在场的情况下,可以进行检查;对其中有证据证明有走私嫌疑的运输工具、货物、物品,可以扣留……"

济,在整个行政调查过程中及行政检查完成以后的任何时候,都可以提请法院审查该行政检查行为。由于在检查权行使过程中有严格的司法控制,以及事后有涵盖范围非常广泛的司法审查制度。行政强制性检查的行使在事中和事后都受到严格的控制,能够较好地保护私权利不受任意侵害,使所遭受的侵害得到较为合理和完善的救济。

但在中国,对于行政检查是否可诉的问题,理论界与实务界存在严重分歧。许多学者认为,行政检查没有直接创设、变更、消灭相对人的合法权益,不能对行政相对人的合法权益产生实质影响,另外,行政检查是尚未终了的行政行为,是尚未成熟的行政行为,不符合司法审查时机成熟原则,因此无法进行审理和判决。基于上述两点理由,行政检查不具有可诉性。

综上所述,由于司法保障的不足,我国公民住房权受到侵害的现象比较严重,这对和谐社会的构建极为不利。因此,对我国公民住房权司法保障制度进行完善就势在必行。

第 5 章　我国公民积极住房权司法保障的完善

5.1　启动公民积极住房权违宪审查制度

在现代社会里,法治必须是良法之治,如果司法机关所适用的法律侵害了公民的积极住房权,那么即使拥有再完备的司法保障制度也是枉然。因此,要想为公民积极住房权提供操作可行的司法保障,必须确保法院所适用的法律为"制定得良好的法律",而要保障所适用的法律是良法,就必须建立一套完备的违宪审查制度。我国《宪法》与《立法法》已经基本建构了我国的违宪审查制度,关键在于全国人大常委会应该勇于任事,果敢行使职权,启动违宪审查程序,撤销侵害公民积极住房权的法律。至于如何启动违宪审查程序,相关的研究成果可谓是汗牛充栋,在此不再赘述。下面仅就法律是否侵害公民积极住房权的审查标准进行阐述。

5.1.1　平等保护原则

在世界各国,政府所提供的保障性住房存在梯度,这就会在公民住房权保障上产生差异,为了将此一法律差异控制在一个合理的程度,违宪审查机关必须运用平等保护原则对之进行宪法检验。

我国宪法第 33 条第 2 款规定:"中华人民共和国公民在法律面前一律平等。"正式确立了平等保护的宪法原则。但该宪法原则抽象,需要建立一套具体的判断标准,才能在宪法实践中具有可操作性。借鉴域外的成功经验,在判断一部法律是否侵害公民住房权时,我国可以采取二阶段分析法对之进行审查。该分析法的具体流程为:差别待遇的厘清→差别待遇合宪性检验。在第一个审查步骤中,首先检验两个比较的事项是否具有"可比较性"。如果两个事项不具有"可比较性",其所谓的差异就不属于平等原则所需考量的范围,对之没有进行审查的必要性。在第二个审查步骤中,审查上述差别待遇的合理性。因为平等原则并不反对差异,而只是将差异控制在一个"合理的范围"内。一部法律所造成的住房权差异是否合宪,关键在于其是否能经得起如下审查基准的检验。借鉴域外的经验,判断涉及积极住房权的法律是否合宪的具体标准大体有如下几个公式:

1. "恣意之禁止"公式

该公式是德国宪法法院在处理涉及平等权宪法案件时所创立的一个公式。因为任何法律都是采取差别待遇来调整社会关系的,在住房权保障领域也同样如此,所以该公式可以适用所有权利的保障案件。该公式的基本内容是,只要法律规范的制定者能够为有侵犯公民住房权的规范找出一个"不很离谱"的理由,该法律就算合宪有效。因此,在该公式的框架下,被质疑的法律,往往会通过宪法的检验。①

2. 事物本质基准

任何事物均有自身的本质特征与独特规律,我们的一举一动不能违背事物本质,国家的法律更应如此。所谓"事务之本质"审查基准是指有关住房权的法律必须建立在事物之性质,事实情况之差异的基础上,否则,该立法就违宪无效。例如,通过廉租房、经济适用房来解决困难民众的住房难题,这些措施能经得起宪法的检验,因为救助弱势群体是人性的本质之一。但如果国家通过法律赋予强势群体以住房方面的优惠政策,就难以通过宪法的检验,因为帮助强势群体,使得他们更加强大,是与人性背道而驰的。基于此,我国在住房改革初期,所采取的"补房不补人"的房改政策就是违宪的。

---

① 许宗力:《从大法官解释看平等原则与违宪审查》,载李建良、简资修主编:《宪法解释之理论与实务》(第二辑),台湾中央研究院 2000 年版,第 86~87 页。

3. "体系正义"标准

该审查标准认为，立法者在第一次制定有关公民住房权的法律时，虽然有形成自由，但一旦立法者形成一项"法则"时，就会产生一个体系正义。而体系正义要求立法者就负有"前后一致"的义务，不得破坏其所建立的法律体系所体现的基本预期，侵害公民在住房问题上所形成的合理信赖利益。否则，就存在违反平等保护原则的嫌疑。例如，对于集资建房，国家不能一会儿允许，一会儿就禁止，让人捉摸不透。如果国家通过法律或者政策允许单位集资建房，那么就只能完善此一制度，而不能完全废弃之。

当然，体系正义标准并非是绝对的，出于重大公共利益的维护，宪法也允许国家放弃现有住房政策，而不存在宪法疑义。

5.1.2 比例原则

比例原则作为一项皇冠宪法原则，其被当今许多国家作为衡量国家措施是否过度侵害公民权利的判断基准。虽然，我国宪法没有明确规定此一宪法原则，但是其可以从法治原则推导出来，从而成为我国宪法的有机组成部分。积极住房权作为一项日益重要的宪法权利，对其限制必须遵循比例原则的基本精神。按照我国加入的《经济、社会和文化国际人权公约》的规定，公民适足住房权包括非驱逐性的内容。虽然住房的非驱逐性并非绝对的，但是宪法要求必须为自己的驱逐行为提供合理的依据，亦即政府的拆迁行为必须符合比例原则。

比例原则有一个较为标准的操作流程，其具体内容可分为如下三个阶段：一是审查立法手段是否具有适合性；二是审查立法手段对公民的住房权的侵害是否具有最小性；三是审查立法目的与立法手段之间是否具有均衡性，亦即法律对公民的住房权是否造成过度的限制。

1. 适合性原则

适合性原则是指法律所采取的限制公民积极住房权的立法手段必须适合或有助于立法目的之实现。如果某一法律手段不能实现立法目的，也就是说目的与手段之间南辕北辙，那么系争法律当然不符合适合性原则。

2. 必要性原则

必要性原则是指如果同一目的之达成,有多种适合之手段可供选择,那么立法者应选择对公民积极住房权损害最小的手段①。也就是说,在不违反或减弱所追求之目的或效果之前提下,在有多种选择的情形下,应尽可能择取对公民积极住房权侵犯最轻的方法。例如,为了整理市容,应该将居住在非法建筑中的公民安排到廉租房或其他保障性住房中,如果没有安置的住房,就应该容许非法住房的存在,而不能采取强行拆迁,甚至采取"放火驱赶"的不文明的执法手段,让公民流离失所。

3. 狭义比例原则

该原则检验的是法律所追求之目的与公民积极住房权因此而遭受的损失之间是否存在合理的比例关系。该原则表明:虽然系争法律措施符合适合性、必要性,但是其不能对公民积极住房权造成"过度之负担"。所谓"过度之负担"是指通过法律措施所能得到的公共利益要远远大于公民为此所遭受的损失。例如,法院为了强制执行原告的债权,而对公民唯一的居所采取查封的强制措施,从而使得债务人失去住房,如此的强制执行就违背了狭义比例原则。就此而言,最高人民法颁布的《关于人民法院民事执行中查封、扣押、冻结财产的规定》就符合比例原则的基本精神。该司法解释第7条明确指出:"对于超过被执行人及其所扶养家属生活所必需的房屋和生活用品,人民法院根据申请执行人的申请,在保障被执行人及其所扶养家属最低生活标准所必需的居住房屋和普通生活必需品后,可予以执行。"也就是说,业主抵押属于自己所有的房屋,如果该套房产是属于业主的唯一可以居住的房产,那么即使抵押权人向业主追讨欠款,法院也不能对其进行拍卖、变卖或者抵债,业主可以继续居住。

---

① 叶俊荣:《论比例原则与行政裁量》,《宪政时代》1986年第3期,第81页。

第5章 我国公民积极住房权司法保障的完善

5.1.3 制度性保障原则

作为一项积极权,住房权具有制度性保障的依赖性,国家负有采取各种措施保障每一个公民都能够享有符合人格尊严的基本住房的责任,但住房权的实现涉及国家资源的分配,因此国家所提供的制度性保障必须是适当的,宪法既反对"保护过度",也反对"保护不足"。这样就产生了两个判断系争法律合宪的判断标准:保护不足之禁止原则和保护过度之禁止原则。

保障不足之禁止原则是指国家所能提供的住房权保障必须符合人格尊严,符合生存权的最低标准。就住房权而言,国际人权公约所提出的适足住房权的概念是判断相关保障制度是否符合"保障不足之禁止原则"的重要依据。这就涉及住房权的保障水平问题,可以从保障性住房的质量标准与保障性住房的面积标准对此进行阐述。

住房质量可以概括为工程质量、功能质量、环境质量、服务质量。具体而言,还包括住宅区位、朝向、房型结构、使用功能、开间进深、私密度、三明度(明厨、明厕、明厅)、内外装修、小区的环境和文化品位。① 一般而言,公民住房问题的解决会经历三个阶段:一是以改善生存为主,改善需求为辅;第二阶段是生存需求和改善需求并重;第三阶段是以改善为主,生存需求为辅。从总体上来说,目前我国中低收入阶层住房需求还只是处于第一阶段,即以改善生存为主,以改善需求为辅。因此,我国在设计住房保障性制度,应以此为考虑基点。基于此,我国所建构的保障性住房必须能够满足公民的生存需求。生存需求最起码的标准就是要有遮风避雨、休养生息、繁衍后代的空间和面积。这要求住房有自来水、卫生间、厨房、卧室和餐厅。② 并且这些功能空间要相互分隔。同时,为

---

① 曹振良:《中国房地产业发展与管理研究》,北京大学出版社2004年版,第114页。
② 经济学家茅于轼先生接受《环球时报》记者采访时说:"政府有责任让每个人拥有住房条件,但是没有满足每个人占有房产的欲望的义务。怎么办? 我主张廉租房,廉租房应该是没有厕所的,只有公共厕所,这样的房子有钱人才不喜欢。"茅于轼先生所主张的没有卫生间的保障性住房不符合生存需求标准,违背了"保障不足之禁止原则"。

了保障公民最基本的私密性,应规定12岁以上的子女应当与父母分室,12岁以上的异性子女应当分室。这些均是判断保障性住房是否合宪的重要衡量因素。

上述住房质量的保障要求中提到保障性住房必须具备最起码的面积。国际家庭组织联盟、国际住房和城市规划联合会于1958年从"居住面积"概念出发,联合提出了欧洲国家的住房及其房间统一的最小住房面积。该标准要求每套住房应至少有一间11.3平方米的房间,每一个卧室的面积至少为8.5平方米。日本在《建筑工法》对最低居住水准也做了规定:"对于1口之家,如为青年,则每套住宅有1间卧室加住房,建筑面积为16平方米,如果是中老年人,每套为1间卧室加餐厅兼厨房,面积为25平方米。对于四口之家,每套为3间卧室加餐厅兼厨房,面积为50平方米。6口之家则比4口之家再增加1间卧室,面积则应为66平方米。

我国现行《城镇最低收入家庭廉租房管理办法》明确规定:"城镇最低收入家庭人均廉租房保障面积原则上不超过当地人均住房面积的60%。"该《办法》只是规定了廉租房的上限,而非规定下限,不符合保障不足之禁止原则。按照适足住房权的基本要求,结合中国的具体国情,家庭居住水平低于社会平均水平一半的,称之为困难户,政府就需要对之进行帮助。

按照2004年的标准,我国城镇人均住房建筑面积为25平方米,换成适用面积为18.8平方米,则住房困难户的标准为人均适用面积为9.4平方米。[①] 如果政府所提供的廉租房适用面积小于此一最低标准,则政府违背了"保障不足之禁止原则",就有侵害公民受宪法保障的积极住房权的嫌疑。

保护过度之禁止原则是指立法机关为公民所提供的住房保障法律不得超越国家财政所能允许的限度。虽然住房保障属于给付性保护,没有涉及对第三人权益的限制问题,如何提供保护与给付,立法者原则上

---

① 张鸿铭:《住宅经济学》,上海财经大学出版社1998年版,第143页。

第5章 我国公民积极住房权司法保障的完善

应享有形成自由,但因国家资源有限,如何分配应构成立法者的形成自由之界限。在此,立法者应注意"保护过度"的问题。正如我国台湾地区大法官们在释字第485号中所阐述的:"鉴于国家资源有限,有关社会政策之立法,必须考量国家之经济及财政状况,依资源有效利用之原理,注意与一般国民之平等关系,就福利资源为妥善之分配,并应斟酌受益人之财力、收入、家计负担及须照顾之必要性妥为规定,不得仅以受益人之特定职位或身份作为区别对待之唯一依据;关于给付方式及额度之规定,亦应力求与受益人之基本生活需求相当,不得超过达成目的所需必要限度而予明显过度之照顾。"①

目前,我国在廉租房的保障水平存在保障不足的问题,而在经济适用房的保障上却存在保障过度的问题。浙江省曾经进行过六城市"居民住房现状及对经济适用房面积预期"的调查。调查显示住房面积预期在50~90平方米之间的70%。因此,就我国现有的住房发展水平而言,我国经济适用房的住房面积应该控制50~90平方米之间。

表5.1 浙江省六城市居民家庭现有住房面积及对经济适用房面积的预期

住房面积	小于50m²	50~70m²	70~90m²	90~100 m²	110 m² 以上
现状	15.4%	32.1%	22.1%	14.4%	14.8%
预期	4%	27.1%	42.3%	21.4%	5.2%

但是,我国现有经济适用房建设却与此路径大相径庭。2007年3月,建设部、国家计委和国土资源部对北京、江苏、浙江、陕西等11个省市的经济适用住房建设及管理情况进行"综合调研"。

此一调研表明,某些经济适用房面积过大,"大得就像别墅一样"。例如,北京城北一个大型经济适用房小区,300平方米的复式住房有几十套。在另一个同属巨无霸型的经济适用房小区,200多平方米的大户型也有几十套。在天津的"梅江"经济适用房居住区内,有11座四层半

---

① 欧爱民:《宪法实践的技术路径研究——以违宪审查为中心》,法律出版社2007年版,第26页。

联体花园洋房、47座联体花园别墅,一般户型每套有170多平方米,最高单套面积达269平方米。而同属"太阳城"的经济适用房居住区,基本户型是三居室,面积120多平方米,有的单套面积达200多平方米。在广西和福建等地,大户型经济适用房也不少见。这些情况均表明在我国各地,有些经济适用房存在保障过度的现象,与保障公民住房权的宪法精神不相符合。①

5.2 健全非法建筑的司法保障制度

5.2.1 非法建筑存在权利的理论基础

近年来,我国学界对违法建筑是否存在权利存在较大分歧,主要有三种不同的观点②:

1. 所有权论

该观点认为:违法建筑系独立于土地之不动产,由原始建筑人取得其所有权,可知违法建筑不因其无从办理所有权登记,而丧失物权客体之资格。"违法建筑虽不能申领执照,但如符合定着物的要件时,系独立于土地外的不动产,仍得为物权客体,由原始建筑人取得所有权。""建造房屋属于事实行为,建造者自建造行为完成之时即自动取得房屋的所有权。对房屋的权属状况进行登记,对于当事人而言不过是作为一种权利的公示方式,对于房地产管理机关而言不过是出于对房地产活动的管理需要。因此,是否取得房屋所有权登记证书不影响建造者对违法建筑的所有权。"

---

① 李一戈:《经济适用房名不符实,三大部委奉命紧急调查》,参见 http://news.hlgnet.com,最后访问时间为 2008-11-12。
② 黄刚:《违法建筑之上存在权利吗?》,载《法律适用》2005年第9期。

第5章 我国公民积极住房权司法保障的完善

2. 动产所有权说①

该观点认为:作为违法建筑整体,因其违法性,所有权及其他派生的权利不得承认,但构成违法建筑的建筑材料本身作为动产是合法的,因受法律的保护。

3. 占有权论

该观点认为:占有体现一种社会财产秩序和生活秩序,我国物权法应当设立独立的占有制度,以保护占有状态,促进物的有效利用,维护社会平和、安定。"一旦民事主体获得对财产的占有支配,法律即推定其拥有占有权,占有权的取得不以合法为前提。""占有人占有违法建筑、盗窃物也可以取得占有权。""占有人的占有权虽可以对抗不特定第三人,但不得对抗执法机关和真正所有人。""对于违法建筑,即使当事人无法获得对于该建筑的所有权,对于该建筑的占有本身也应该得到法律的保护。作为法律保护占有违法建筑这一法律效果的反射,占有人对于违法

---

① 我国有些法院也采取动产所有权论。在司法实践中,存在这样一个案例,其基本案情是,张某与李某系邻居,两家关系一直不好。2005年1月10日,张某未经有关部门批准,在自家空地上建起了一幢两层楼房,用去材料费5万元、泥工工资1.2万元及装修费2万元。2005年7月4日傍晚,李某突然邀请众多亲戚以影响采光为由拆除了张某的楼房。为此,张某诉至法院,要求李某赔偿损失8.2万元。在判决过程中,出现三种不同的意见:一种意见认为,拆除的是违法建筑,不受法律保护,应驳回原告张某的诉讼请求;另一种意见认为,违法建筑被损,也造成了原告张某的财产损失,应支持原告张某的诉讼请求;第三种意见认为,原告张某的材料费损失5万元应以支持,另3.2万元损失应驳回。法院最终判决,李某赔偿张某5万元材料费。法院如此判决的理由如下:(1)被告李某的行为不构成正当防卫。非法建筑应以拆除,没有争议,但系公权力行使之,个人运用私权拆除,不应支持,且李某的行为不构成正当防卫的特征。因此,否认被告李某赔偿不具有正当性,李应赔偿原告张某的合法财产损失。(2)李某拆除原告张某的违法建筑,造成建筑材料被损,系故意侵害其材料所有权。《民法通则》第一百零六条第二款规定:"公民、法人由于过错侵害国家的、集体的财产,侵害他人财产、人身的,应当承担民事责任。"原告张某的整体房屋是违法的,张没有房屋所有权,但构建房屋的材料是合法的,其所有权应受法律保护,原告张某可以依此为依据请求被告李某赔偿。而泥工工资、装修费因其附加于违法建筑房屋上,则没有保护的必要,因为该违法建筑本应通过公权力拆除,若不加区别也予以保护,则没有合法建筑和非法建筑之分,显然不公平。

建筑拥有合法权利,即占有、使用违法建筑的权利。"

上述三种观点,虽然都有其合理性,但从人权的角度,特别是就积极住房的非驱逐性的角度而言,其存在明显的缺陷。占有权论认为非法建筑可以对抗不特定的第三人,但不得对抗执法机关。按照此一思路,虽然非法建筑是居住者的唯一栖息之地,但是政府有权对之加以拆除,在其得不到保障性住房之前,其只能流浪街头,这显然与我国已经签署的《经济、社会、文化权利国际公约》相抵触。所有权论虽然最有利于公民积极住房权的保障,但其显然与现行法律体系存在难以弥合的冲突,对公共利益的冲击太大,因此,是不可取的。至于动产所有权论则是一种不切实际的空洞理论。因为,在大多数情形下,建造者对非法建筑不享有所有权,"皮之不存,毛将焉附",建造者对整个建筑不享有所有权,属于非法建筑组成部分的建筑材料焉能独立于非法建筑之外,而独享所有权呢?

从比较法的角度而言,赋予非法建筑以一定程度的产权,是保障公民积极住房权的一个通行做法,只是所有权论的弊病在于其将权利保障的范围无限扩大,从而颠覆了现行的法律制度。因此,只有严格设定非法建筑所有权的要件,赋予其一定程度的产权才是合理的。例如,秘鲁著名经济学家费尔南多·德·索托认为居民对自己在公共土地上所修建的非法建筑,享有某种程度的产权。费尔南多·德·索托在《另一条道路》一书中,专门用一章篇幅讨论了"非法定居地"的问题,其中包括人们所说的违法建筑、外来人口建筑的窝棚。德·索托十分细致地描述了从农村流入城市的公民有计划地在城市周边侵占土地(通常是公共土地)的整个过程,并在此基础上指出,这些非法侵占者自侵占成功起,就享有了一种"预期的产权",而城市政府则一步一步地承认了这些侵占者的权利。①

未经政府批准、侵占公共土地的流动贫困人群,之所以对其搭建的违法建筑享有一定程度的产权,其原因有如下几点:首先,从权利的角度

---

① [秘]德·索托:《另一条道路》,于海生译,华夏出版社2007年版,第41~54页。

第 5 章　我国公民积极住房权司法保障的完善

而言,任何一个人,为维持生存,都需要最起码的居住条件。任何政府都没有权力阻止他去获得最起码的庇护场所。为了获得栖息之地,普通公民可以通过购买商品房、申请保障性住房等合法途径,但在特殊情况下,也可以采取某种超越法律的方式。① 虽然其居住的建筑为非法建筑,但一旦居住下来并持续一段时间时,那他就会为城市的繁荣作出自己的贡献。这种贡献在一定程度上赋予他所居住的违法建筑以正当性。更进一步说,时效可以赋予非法居住者以一定程度的产权。这就是说,在某人非法进入某块公共土地居住时,政府自可将其驱逐,而一旦他在违法建筑中居住超过一定时间,对此建筑就拥有了一定产权。因为,他的很多合法利益是基于这一违法建筑而获得的。既然政府无权剥夺他的合法利益,那损害他获得这些利益的基础也是违反正义原则的。政府即使不能公开承认违法建筑所有者的产权,也必须默许这一产权。事实上,这也是那些存在贫民窟、非法定居地等现象的国家的政府所采取的态度。正是这种明智态度,让大量乡村人口得以在城市定居下来,融入现代经济分工体系,改进自己的福利。其次,虽然保障非法建筑使得法律的权威确实遭到了一定程度的损害,政府的权益也受到了一定的侵害,但相当多底层民众的生活却得以维持生存,并享受城市化的收益。利弊衡量,还是利大于弊。因为非法定居地的存在,虽然有损城市的脸面,但在其背后却能看到一种权力在受到节制之后所形成的比较人性化的官民关系。

　　本书以上述德·索托所阐述的观点为基础,结合中国现行法律制度,提出非法建筑的"有限产权论"。我国《物权法》第四十二条规定:"征收个人住宅的,还应当保障被征收人的居住条件。"该法律条文并非将住宅限定在合法住宅的范畴,因此,在一定条件下赋予非法建筑以有限产权具有法律依据。有限产权的主要内涵有:(1)住房权。该公民对其所居住的非法建筑享有积极住房权。该住房权具有非驱逐性,可以对抗政府的强制拆迁。只有政府在为居住在非法建筑中的公民提供了最

---

① 当然,这种超越法律的行为是有限度的,例如,其不能霸占别人的私宅。

低程度的保障性住房时,才能强制对其所居住的非法建筑加以拆除。(2)有限的产权。虽然居住者对非法建筑物不享有完全的产权,但在被合法拆除之前,其对非法建筑物享有有限的产权。因为只是为了保障公民的住房权,政府才格外允许非法建筑物的存在,因此,居住者对非法建筑物不享有转让权、出租权。(3)动产的处分权。虽然公民对所居住的非法建筑不享有处分权,但其对违章建筑的构筑材料享有所有权,自然对之享有处分权。(4)收益权。违法建筑的所有人对违法建筑的占有是有权占有,所以,其当然有权收益,只是这种收益权应当受到法律的限制,占有人只能因本人使用建筑物而取得收益,而不能以出租等方式收益。(5)赔偿权。在居住者没有找到居所之前,任何拆迁的行为均是非法的,其无疑构成了对公民财产权的侵害,需要承担赔偿责任。如果拆迁行为是政府所为,行政主体则应承担国家赔偿责任,如果是民事主体擅自毁损他人所居住的非法建筑则构成了民事侵权,由此而给居住者造成的经济损失,行为人当然应承担赔偿的民事责任。

居住者对非法建筑物享有"有限产权"具有严格的条件:(1)土地的公用性。非法建筑使用的必须是公用的土地,如果该土地,国家已经将其使用权转让给某一民事主体,则城市流动人口占用此一土地,非法修建的建筑并不享有有限的产权。这是因为,贫困人群之所以选择居住在非法建筑物上,是因为政府没有提供足够的保障性住房所致,正是政府对造成非法建筑的存在负有责任,所以政府才在一定程度上默许非法建筑。但是普通的民事主体没有提供公共服务的法律义务,让其来承担公共服务缺位而产生的责任,是不恰当的。因此,只有在公共用地修建的非法建筑才能拥有产权,而在私人用地上修建的非法建筑,建造人对建筑物不能拥有"有限产权"。(2)居住性。赋予非法建筑以一定的产权,其目的在于保障公民的积极住房权,如果非法建筑物不是用来居住,其就不能得到法律的保障。(3)时效性。时效性是指非法建筑物必须存在一定的时间后,居住者才能取得一定程度的产权。因为非法建筑长时间的存在,至少表明两点:一是政府已经默许该非法建筑的存在,二是长时间的居住可以会产生一个信赖利益——政府不会驱逐居住在非法建筑物中的公民。如果非法建筑只是刚刚修建成功,则不会产生所谓的信赖利益,政府当然可以对之进行拆除。至于多长时间才能产生有限产权,则要具体问题具体分析,没有一个固定的标准。

5.2.2 预防性行政诉讼

虽然非法建筑涉及不法,但由于其关系到公民的积极住房权,特别是在取得有限产权非法建筑的情形下,政府绝对不能一拆了之。为了保障公民的积极住房权,避免人为造成"无家可归者"的现象,借鉴域外经验,在非法建筑的拆迁领域建立预防性行政诉讼势在必行。所谓预防性行政诉讼,是指为了避免给行政相对人造成不可弥补的权益损害,在法律规定的范围内,允许行政相对人在行政决定付诸实施之前,向法院提起行政诉讼,请求法院审查行政决定的合法性,阻止违法行政行为实现的诉讼。[1] 与一般行政诉讼相比,预防性行政诉讼具有如下特征:

第一,预防性。一般的行政诉讼属于事后救济,行政相对人只有在其权益受到侵害后,才能提起诉讼。基于公民的居所具有不可恢复性,一旦被拆除后,就不复存在了,因此有必要在被拆除之前,阻止行政机关的非法拆除。

第二,直诉性。直诉性是指预防性行政诉讼的提起无需遵循行政法上的穷尽行政救济原则。所谓穷尽行政救济原则是指当事人在没有利用一切可能的行政救济以前,不能申请法院针对于他不利的行政决定作出裁判。而预防性行政诉讼则需要绕开此一行政法原则,避免行政决定给公民的积极住房权造成不可弥补的损失。

第三,执行停止性。为了保障行政效率,按照一般的行政法原则,行政行为尽管存在行政违法情形,但在有权机关撤销之前,其仍然具有公定力,即使该行政行为被提起行政诉讼,也不影响其所具有的法律效力,此就是所谓的"起诉不停止执行原则"。但是预防性行政诉讼程序的启动,虽不能消灭行政行为的公定力、确定力和拘束力,但其却具有暂时性

---

[1] 胡肖华:《论预防性行政诉讼》,载《法学评论》1999 年第 6 期。

执行停止的效力。因为，建立预防性行政诉讼的目的在于避免行政行为给行政相对人的积极住房权造成不可弥补的损害，如果其不具有执行停止的功能，在诉讼程序中任凭行政行为付诸实施，则其预防性目的就根本无法实现。

根据预防性行政诉讼的一般法理，当行政机关对非法建筑的居住者下达强制拆迁通知书后，居住者有权在法律规定的时间内向人民法院提起预防性行政诉讼，要求法院审查行政机关的拆除决定是否合法。为了阻止行政机关在案件的审理过程中，强制拆迁公民所居住的非法建筑，法院在受理预防性行政案件后，应及时裁定暂时停止执行行政机关作出的拆迁决定。在司法实践中，人民法院应适用如下标准对行政机关的拆迁决定进行司法审查：

第一，驱逐决定是否合理。没有取得有限产权的非法建筑当然不能对抗行政机关的拆迁决定，但是取得有限产权的非法建筑具有非驱逐性，行政机关只能在公共利益所必需的情形下，才能强制拆迁公民所居住的非法建筑。对此，联合国经济、社会和文化委员会指出，驱逐行为应符合《公约》的规定、宗旨和目标，而且在具体情况下绝对有必要合理。经济、社会和文化委员会特别指出缺乏发展并不是剥夺国际公约公认的人权的理由。

根据我国现行法律的规定，行政机关只有在维护公共利益的前提下，才能对取得有限产权的非法建筑进行拆迁，但是由于公共利益是一个不确定概念，需要进一步予以明确。对此，我国可借鉴国外立法模式，通过列举的方式明确规定属于公共利益的情形。归纳实践经验，凡是涉及如下事项的，判断其具有公共利益：交通建设，包括道路、河川、公路、铁路、桥梁、港口、机场等；国家机关或公立机构办公场地；社会公用设施，包括学校、公园、医院、图书馆、公共住房、运动场、公厕等；国防军事设施；社会公用事业，包括电力、通讯、供水、墓地、废水废物处理场所等；能源、水利等国家基础设施建设，包括发电站、水库、防汛等；社会福利事业，包括救灾、防灾、救济贫困等；环境保护、古文物和迹址保护等；城镇

第 5 章　我国公民积极住房权司法保障的完善

规划。①

第二,驱逐行为是否遵循正当程序。正当的法律程序原则是限制公民权利所必须遵循的法基本原则,在强制驱逐等问题上更是如此。驱逐的程序至少包括:(1)让那些受影响的人有一个真正磋商的机会。在驱逐执行之前,特别是当这种驱逐涉及大批人的时候,首先必须同受影响的人商量,探讨所有可行的备选方法,以便避免、或尽可能地减少适用强迫手段的必要性。(2)在预定的迁移日期之前给予所有受影响的人充分、合理的通知。(3)让所有受到影响的人有合理的时间预先得到关于拟议的迁移行动以及适当时间与所腾出的房、地以后的新用途的情报。(4)提供法律的救济行动。(5)尽可能地向那些有必要上法庭争取补救的人提供法律援助。

第三,驱逐行为是否符合最小侵害原则。所谓"最少侵害原则"是指如果同一目的之达成,有多种适合之手段可供选择者,那么行政机关应选择对人民损害最小之手段②。也就是,在不违反或减弱所追求之目的或效果之前提下,在有多种选择的情形下,应尽可能择取对人民权利侵犯最轻或最少不良作用之方法。③基于此一原则,为了实现公共利益,应该首先考虑其他方法,只有在万不得已的情形下,才能考量采取拆除公民非法建筑的方式。也就是说,驱逐行为应是最后的方法。

第四,公民是否得到妥善的安排。如果受影响的人无法自给,国家必须采取一切适当的措施,用尽它所有的资源酌情提供新的住房。因此,虽然是非法建筑,如果居住者取得有限的产权,对之进行拆除之前,必须安排好居住在非法建筑中的公民,当然安排的方式有二:一是实物安排,亦即为居住在非法建筑中的公民提供廉租房;二是货币补贴,亦即为居住在非法建筑中的公民提供金钱帮助,使其能够在租赁市场租得起房屋。如果政府没有妥善安排好居住在非法建筑里面并取得有限产权的公民,那么后者可以要求法院裁定行政机关的拆迁决定违法。

---

① 李阆岩:《城市房屋拆迁中公共利益的界定》,载《辽宁行政学院学报》2009 年第 2 期。
② 叶俊荣:《论比例原则与行政裁量》,载《宪政时代》1986 年第 3 期,第 81 页。
③ 城仲模:《行政法之基础理论》,三民书局股份有限公司 1980 年版,第 41 页。

5.2.3 非法建筑的国家补偿制度

随着我国城市建设的发展,存在大量的违法建筑是一个无法回避的问题。由于非法建筑涉及公民的积极住房权与财产权,国家不能任意对之加以拆除,否则,就应对遭受权益损害的公民承担国家补偿责任。在司法实践中,国家补偿责任因拆除对象是否取得有限产权存在较大差异,下面就以此为标准来阐述非法建筑的国家补偿制度:

1. 没有取得有限产权的非法建筑

由于居住者对非法建筑没有取得有限产权,因此其不能对抗政府的拆除,但是这并不意味着建造者对非法建筑及其相关财产不享有任何权利。在一个法治国家中,政府可以强制拆迁没有取得有限产权的非法建筑,但不能因此侵害公民的合法权益,否则,就应承担国家补偿责任。

第一,在拆迁补偿中要注意区分违法建筑和建筑使用的材料。根据我国《城市房屋拆迁管理条例》第 22 条规定:"拆除违章建筑和超过批准期限的临时建筑,不予补偿。"因此,在拆迁过程中,拆迁人对拆除违法建筑不予补偿。但是,不能因此认为,拆除违法建筑使用的材料,国家也不需要对违法建筑使用人进行补偿。这是因为,某些违法建筑使用的材料从价值上来说是可以独立存在的,公民对违法建筑使用的材料享有合法的财产权。因此,国家在拆迁过程中,造成公民建筑材料损害的,应当承担补偿责任。

第二,在拆迁补偿中,要注意区分违法建筑和建筑范围内的土地使用权。违法建筑按照有无土地使用权的标准可以分为两类:一是取得土地使用权的违法建筑,二是未取得土地使用权的违法建筑。如果违法建筑具有合法的土地使用权,即使不就拆除违章建筑本身进行补偿,也必须考虑土地使用权对违法建筑人的财产利益。如果土地使用权是通过划拨方式得来的,国家可以不补偿使用该土地的违法建筑人;但是如果土地使用权是通过出让方式得来,违法建筑人缴足了土地出让金,但出让年限还未到期时,国家应当就拆除违法建筑给公民造成的土地使用收益的损失予以补偿。

第三,在拆迁补偿中,要注意区分违法建筑和违法建筑内的财产。违法建筑内的财产可以独立于违法建筑存在,其属于公民的合法财产,依法应当受到保护,不能错误地认为建筑是非法的,就可以任意侵害建筑内的财产。国家在强制拆除在拆除违法建筑时,不得侵犯居住者在违法建筑内的合法财产,否则应当承担国家补偿责任。

为了保障公民的财产权,必须完善非法建筑的拆迁程序:(1)非法建筑拆迁许可证的申领。执行拆迁的单位必须向房屋所在地的市、县人民政府房屋拆迁管理部门申请领取房屋拆迁许可证。(2)拆迁公告的发布。房屋拆迁管理部门发布拆迁公告,将拆迁许可证中载明的拆迁人、拆迁范围、拆迁期限等事项,向社会公布。(3)拆迁补偿协议的订立。由拆迁人与被拆迁人就补偿方式和补偿金额进行协商。双方达不成补偿协议的,经当事人申请,由房屋拆迁管理部门裁决。

另外,在司法实践中,不能混淆拆迁补偿与拆迁补助费。根据我国《城市拆迁管理条例》明确规定,虽然拆除违法建筑,国家不承担补偿责任,但这并不意味着拆迁人不需向违法建筑人支付拆迁补助费。拆迁补助费包括搬迁补助费和临时安置补助费等其他费用。拆迁人不得因违法建筑拒绝向违章建筑人支付搬迁补助费和临时安置补助费等费拆迁补助费的请求。

2. 取得有限产权的非法建筑

如果公民居住的非法建筑享有有限的产权,则该非法建筑就具有非驱逐性,所谓非驱逐性是指国家不能在违背居住者意愿的情况下,被长期或临时驱逐出他们居住的非法建筑。当然,取得有限产权的非法建筑的非驱逐性也并非是绝对的,根据《人类住区议程》的相关规定,《经济、社会、文化权利国际公约》的缔约国必须"保护所有人不受违法的强迫迁离,提供法律保护,并对违法的强迫迁离采取补救措施,同时考虑到人权情况,如果不能避免迁离,则酌情确保其他适当的解决办法"。结合《公民权利和政治权利国际公约》的相关规定,在特定情形下,对取得有限产权的非法建筑可以进行驱逐,但必须遵循一系列原则,例如正当程序原则、比例原则等,否则对公民造成的损害应承担的补偿责任。

享有"有限产权"的非法建筑的补偿范围分为两大部分：一是积极住房权的补偿；二是住房内相关财产的补偿。积极住房权的国家补偿范围有二：(1)为非法建筑的居住者安排保障性住房；(2)在政府没有保障性住房安排的情形,应该为公民提供房租补贴。具体的流程按照廉租房的分配程序操作,只是遭到驱逐的居民享有优先权。

对于公民的合法财产权,由于政府的拆迁行为受到损害的情形,可以参照没有取得有限产权的非法建筑的国家补偿程序与标准执行。

第 6 章 我国公民消极住房权司法保障的完善

6.1 扩大消极住房权的保障范围

近年来因为侵犯公民消极住房权的案例屡屡发生,使得理论界与实务界都在探讨消极住房权的保障范围,尤其是学生宿舍、酒店招待所这些临时住房以及移动住房等是否应当纳入消极住房权的保障范围之内。笔者认为,住房不能仅仅以固定长期作为保障的标准。只要能够满足抵御外部环境侵害的物质需求和个人隐私与安全空间的心理需求,就可以作为公民所享有的基本住房权,无论是宪法还是其他法律规范都应当进行保护。因此,笔者认为学生宿舍、商业住房、临时住房、移动住房甚至违法建筑,都应当作为消极住房权的保障范围。

6.1.1 学生宿舍[①]

住宅是"公民日常生活、工作和休息的地方"。[②]我国《宪法》第 39 条所规定的住宅,不仅是一般意义上的私人居住的房屋,而且应当包括寄宿宿舍、公民入住的旅店等其他各种私生活在物理空间所展开的场所,其成立也无须具备独立的建筑结构或持续性的使用等时空的要件。[③]因此,大学生的宿舍——不管是单身公寓还是集体宿舍,应在宪法住房权的保障范围之内。但在现实中,司法机关与学校管理当局基于长期以

---

① 本书所指的学生宿舍仅为大学生宿舍。对于中小学生而言,其住房权被学校的管理权所吸收,但对于社会其他公民与国家公权力而言,其宿舍应与其他住房受到一体保护。
② 周叶中:《宪法》,高等教育出版社 2005 年版,第 278 页。
③ 贵立义:《宪法学》,东北财政经济出版社 2001 年版,第 239 页。

来所形成的习惯做法,根本不承认大学生宿舍的宪法地位。因此,为了检查宿舍卫生,不少高校经常在没有学生在场的情况下擅自从住宿管理处拿到钥匙进入大学生住宅。例如,2004年长春市某高校因为违规使用电器导致宿舍起火,烧死烧伤多名大学生。该高校以此为由检查学生宿舍,借机收缴违规使用的电器。另外,随着改革开放的不断深化,学生的财富也日益增多。相应的,在大学宿舍发生的盗窃、抢劫等案件也越来越多。案发以后,校方保安处的工作人员以及派出所的民警往往在没有任何法律手续的情况下搜查大学生的宿舍。

宿舍是大学生参与社会生活、享有人身自由权的前提条件,根据人权保障的基本精神,理应将之纳入宪法住房权的保障范围,其主要理由有三点:

1. 保护大学生平等权的需要

我国《宪法》第33条第2款规定:"中华人民共和国公民在法律面前一律平等。"该宪法条文赋予了包括学生在内的所有公民的平等权。平等权的含义并非是指法律在任何情形下必须对所有公民一视同仁,而是要求将法律所造成的差异控制在一个合理的程度,控制在一个社会的政治、经济、文化、伦理、道德所能接受的范围。大学生虽然是受教育者,基于学校的管理需要,可以对学生宿舍采取不同于私人住宅不同的保障规则,但不能因此完全否定大学生宿舍的宪法地位,让其成为公权力任意进入的场所。这样做,无疑超越了平等权所能允许的合理差异的边界,因此将学生宿舍排除于住房权的保障范围违背了宪法的基本精神。

2. 保护大学生人身、财产安全的需要

西方法律谚语云:"每一个人的家就是他自己的城堡。"住宅是每个公民的安身立命之处,宿舍不仅是大学生休息的场所,更是其生活学习的地方,和大学生的人身安全息息相关,在学生宿舍得不到周密保障的前提下,大学生的人身安全也会极易受到侵害。此外,大学生的财产,除了能够随身携带的财物外,无一不是放在宿舍里,如果学校管理人员可以随便进入学生宿舍,学生的财产权就会始终处于不安全的危险状态。因此,为了保障学生的人身、财产安全,理应将学生宿舍纳入住房权保障

第6章 我国公民消极住房权司法保障的完善

的范围,从而赋予其以对抗学校管理人员随意进入的权力。

3. 保护大学生隐私权的需要

隐私,又称个人秘密,是指个人生活中不愿为他人所知悉的秘密,包括私生活、日记、照相册、生活习惯、储蓄、财产状况、通讯秘密等。①隐私权的主要内容包括:个人生活安宁权、个人生活信息保密权、个人通讯秘密权、个人隐私使用权、个人隐私维持权。②但隐私本身是无形的,其必须依附于某一载体,而居所是承载公民隐私权的最佳载体,因此,为了保障学生的隐私权,就必须保障学生的住房权。

6.1.2　商业住房

所谓商业住房是指供公民从事商业活动的营业场所。在2002年发生的延安的"黄碟案"中③,警察未经允许闯入的地方,并非张某夫妇的私人住宅,而是其开办的诊所。这样就产生了一个非常微妙但却异常重要的问题——公民的商业住房是否属于宪法权利保障的范围。如果答案是肯定的,那么公安机关不但不能以"涉嫌妨害公务罪"对张某进行

---

① 张庆福主编:《宪法学基本理论》社会科学文献出版社1999年版,第737~738页。
② 张玉敏著《民法学》中国人民大学出版2003年版,第189页。
③ 2002年8月18日,陕西省延安市万花派出所民警接到群众电话举报,称辖区内一居民家中正播放黄色录像。派出所遂派出4名民警前去调查。当民警闯进该居民家中时发现,房间内只有新婚夫妻张秋林和李小叶两人,此时电视机已关闭。几名民警表明身份,并要求夫妻俩拿出"黄碟",但该夫妻拒绝警方的要求。民警将张秋林摁倒在床上,然后以妨碍警方执行公务为名将其带回派出所。警方将从现场搜到的3张淫秽光碟,连同电视机、影碟机作为证据一起带回派出所。张秋林不久被以"涉嫌妨害公务"被刑事拘留。10月28日,宝塔公安分局向宝塔区人民检察院提交材料,报请检察院批准逮捕张秋林。11月4日,宝塔区人民检察院以"事实不清,证据不足"为由作出不予批捕张秋林的决定,发回公安分局补充侦查。迫于全国舆论的强大压力,2002年12月31日下午,由延安市宝塔区政法委张副书记,宝塔区政府办公室雷主任和宝塔区信访局陈局长组成的专门协调小组向当事人赔礼道歉;一次性补偿当事人医疗费及误工费人民币29211元。2003年1月14日,宝塔区公安分局正式免除了警方当事人之一——万花派出所所长贺宏亮的职务;同时,该所警长尚继斌被调离万花派出所,调往其他派出所待岗,其他两名协警也被公安机关辞退。至此,历经半年的"黄碟事件"终于划上了一个句号。

刑事拘留,反而还存在侵害公民住房权的嫌疑;如果答案是否定,那么公安机关的行为在法律上就没有瑕疵了。从本案的处理结果来看,似乎折射出公安机关在很大程度上承认商业住房的宪法地位。商业住房理应得到宪法的保障,理由有二:

1. 从比较法的角度,商业住房应受宪法保护

在美国,按照宪法第四修正案的规定,公民的住所不受侵犯,不受无理的搜查与扣押。从第四修正案的原意而言,该宪法条文的保障范围仅仅局限于私人的住宅。但是在1967年的西雅图案件中,美国联邦最高法院将住房权保障从私人住宅扩大到商业住房。在此一宪法案件中,西雅图市消防局要求进入公民的营业场所进行消防检查,但被上诉人认为消防局既没有搜查证,也缺乏搜查的正当理由,因此拒绝了消防局的检查要求。消防局以上诉人违反西雅图的消防法为由,对之处以巨额罚款。上诉人认为消防局的行为侵犯了其依据宪法第四修正案和第十四修正案享有的权利,因而提起宪法诉讼。对此,美国联邦最高法院判决道:没有搜查证强行进入公民住宅实施检查,违反了宪法第四修正案的要求。

此一宪法原则也适用于企业的营业场所。因为和住宅的居民一样,一个商人也享有免于受到官员不合理进入其商业资产的宪法权利。如果没有搜查证,商人的营业场所依然不能被进入和检查。① 联邦最高法院在后来的宪法判例中,则进一步指出:按照法律的规定应受到政府严格管理的企业,例如出卖烈性酒和枪支的企业,允许不需要搜查证的检查,但对于一般企业而言,必须持有搜查证才能检查。②

2. 从保障公民营业自由和商业秘密而言,商业住房应受宪法保护

我国宪法规定公民享有劳动权,劳动权是一项系统性权利,其不仅包括就业权、劳动保障权,也包括营业自由。如果商业住房不属于住房权的保障范围,公权力可以任意进入,这就意味着公权力在未获得搜查

---

① 387U. S541(1967).
② 王名扬:《美国行政法》(上),中国法制出版社1995年版,第335页。

第 6 章 我国公民消极住房权司法保障的完善

证的情形下,可以肆意在公民的营业场所翻箱倒柜,那么公民的营业自由何以得到保障。另外,公民的营业场所也存放大量的文件,可能涉及公司的商业秘密,其价值不菲,如果不对商业住房加以宪法保护,在公权力面前,任何企业就毫无秘密可言。

6.1.3 临时住房

长期以来,在我们的潜意识里,所谓住房就是我们的家,而家是指我们生活起居的地方。也就是说,我们所关注的住房仅仅是自己长期生活的"固定住宅",而临时居住的宾馆酒店一直被理解为"公共场所",至今尚未出现任何关于"因酒店查房涉嫌非法侵入公民住宅"的案例,也未见到实务部门将酒店客房定义为"公民住宅"的做法。理论上的贫乏,直接导致司法实践的滥权与公民权利保障制度的缺失。因此,从限制权力,保障权利的角度考量,我们有必要将住房权的保障范围扩展到临时供休息、生活的客房。临时住房的提出,对公安机关的执法行为提出更高的要求,有利于进一步推进依法治国的进程,其理由有二:

1. 域外经验的借鉴

在外国,住房不是那种通常意义上的私人家屋,而是各种一般私生活在物理空间上所展开的场所,其成立也无须具备标准的建筑结构或持续性的占有等时空上的要件。因此,其包括寄宿宿舍、下榻宾馆等其他与私人家屋具有同质性的场所。这一点在各国的学说与判例中均得到承认。德国历史上的《魏玛宪法》第 115 条是规定住宅不受侵犯的条款,[1]其中甚至还曾对宪法上的"住宅"做出过著名的论断性表述,称之为所谓的 Freisttte,可译为"安栖之所",但又具有"避难之所"的意涵。[2]因此,公民临时的安栖之所自然应被列为住房权所保障的范围。

2. 保护公民私人空间的需要

在当下中国,基于创收的动机,酒店查房的现象越来越少,但是那些

---

[1] 《魏玛宪法》第 115 条规定:"各个德意志人的住宅,对其来说乃是安栖之所(Freisttte),而且不可侵犯。其例外只有依据法律才可容许。"
[2] 林来梵:《卧室里的宪法权利——简评"延安黄碟案"》,载《法学家》2003 年第 3 期。

位置较偏,价位较低的小旅店,却经常遭到警察的查房。因此,在中低档宾馆与旅店,两个男女单独在一起,如果没有《结婚证》,就有卖淫嫖娼之嫌,就会被"请"进警局,交代问题。如此可见,在没有住房权的保障下,执法人员随便找个理由就能闯入私人的住宅或其他生活空间,公民就没有隐私可言,许多守法公民都心生恐惧。因此,将宾馆酒店定义为临时住房,无疑具有重要的理论价值与现实意义,公安机关非经法定程序无权随意检查和搜查公民的临时住房。

6.1.4 移动住房

所谓移动住房是指能够移动且能为公民提供休息和出行方便的物理空间,主要包括汽车、私人船只与私人飞行器。在我国,从来没有人将汽车列为住房的同类项,从而将汽车所形成的物理空间纳入宪法保障的范畴。理论上的贫乏造成了诸多的执法难题。因此,有必要将汽车等移动住房纳入住房权的保障范围,其理由有三:

1. 域外法治经验的借鉴

在美国,汽车属于第四修正案所指的财产,在一般情况下,警察必须取得搜查证后才能对汽车进行搜查。宪法禁止不合理的搜查适用于汽车和其他机动车[①]。因此,在美国,汽车属于宪法住房权所保障的范围。

2. 有利于保障公民的合法权益

在我国,由于现行法律并未将汽车纳入住房权保障的范围,从而导致现实中某些侵犯公民合法权益的行为无法得到保障。

例如,在 2004 年夏天的一个炎热的下午,一位民工实在热得难受,看见大树下停了一辆豪华轿车,玻璃没有完全关好,于是爬进轿车内睡了一觉,私家车车主回来后看到这种情况非常生气,于是把该民工叫醒并将其扭送至公安派出所,要求对其进行处罚。民警了解情况后,认为民工只是未经车主许可就进车内睡了一觉,并没有盗窃等违法行为,因为《治安管理处罚条例》规定的"非法侵入公民住宅"中的"住宅"并没有

---

① California v. Carney, 471 U. S. 386(1985).

第 6 章 我国公民消极住房权司法保障的完善

包括私家车,因此,处罚民工缺乏法律依据,最后只能对民工进行教育后放行了事。我国 1982 年宪法在制定之时,还罕有私家车,因而制宪者当时不可能将私家车也归入住房的范畴,但是随着社会的发展,现今私家车越来越多,露营的私家车内的空间作为流动的住房理应得到宪法的保护。

3. 有利于规范公权力的行使

2005 年 11 月 21 日凌晨 2 时,重庆市巴南区道角派出所民警和协勤 4 人巡逻至辖区龙洲湾一带,发现未完工的公路不远处停着一辆富康轿车。民警遂上前准备例行检查。走到车前,用手电一照,发现驾驶室坐着一男子神色慌张。后排座一男一女正穿衣服,慌乱中把衣服都穿反了。怀疑他们在车上嫖娼,几名协勤分站到左右两边车门,民警要求几人下车接受检查。两兄弟拒绝民警检查,开车撞开挡在车前的民警,将一名协勤拖出 10 余米后逃离。民警紧追 3 公里,终将肇事车挡获。童晓林、张建波两兄弟被警方刑拘。目前,两兄弟因暴力阻碍执法被刑拘,坐台小姐被治安处罚。纵观该事件的全过程,警察之所以在没有搜查证的前提下,还能对上述兄弟两人进行检查,乃是因为在我国汽车并非住房权保障的范围。

在该案件中,当事人的行为属于违法,这在很大程度上模糊了警察执法的负面效应。假如汽车上亲密的不是嫖客与妓女,而是一对在车上寻求浪漫的情侣,那么如此而引发的法律问题就不能不令人深思。因为按照警察处理案件的逻辑,公民要想在车上亲密必须随时准备好结婚证,否则就有遭受警察羞辱的危险,如果是还没有结婚的恋人,那么就只好寄托上帝来保护他们的爱情不受侵犯了。果真如此,公民能否在车上谈情说爱就得看警察的一时兴趣了。为了防止如此违背人性的执法行为的发生,就必须将汽车纳入住房权保障的范围。如果警察没有搜查证就不能搜查公民的汽车,唯有如此,公民的隐私权才能得到保障。

6.1.5 违法建筑

我国正处于城市化进程的初级阶段,大量的农业人口进城务工,他们中的大多数人,既无法购买商品房,也不能申请保障性住房,只好在处于市区边缘的空闲用地中搭建违章建筑。① 由于违章建筑缺乏其合法性,经常成为当地政府的拆除对象,从而造成了许多公民失去最基本的栖息之地。

为了保障弱势群体,特别是进城务工人员的住房权,应将一部分违章建筑纳入住房权保障的范围。具体的思路是,如果违章建筑正在修建或修建不久,居住在其中的公民不享有积极住房权,政府可以通过合法的程序对之进行拆除,但公民对之享有消极住房权。也就是说,在违章建筑没有被拆除之前,其可以对抗公权力的非法搜查。如果违章建筑已经行之有年,成为一个弱势群体的居住区,公民对其所居住的违章建筑既享有消极住房权,也享有积极住房权。也就是说,在没有为居住在违章建筑的公民找到新的居所之前,政府不能拆除违章建筑。之所以将违章建筑纳入住房权的保障范围,其原因有三:

1. 国际法义务的履行

联合国经济、社会和文化委员会通过了《第7号一般性意见》,专门就强迫驱逐进行阐述。该《意见》指出,1998年联合国大会在其第43/181号决议中通过了《2000年全球住房战略》,明确了各国政府有基本的义务去保护和改善、而不应损害或拆毁住房和住区。在《人类住区议程》中,各国政府做出承诺,保护所有人不受违法的强迫迁离,提供法律保护并对违法的强迫迁离采取补救措施,同时考虑到人权情况,如果不能避免迁离,则酌情确保其他适当的解决办法。

我国是《经济、社会和文化权利国际公约》的缔约国,根据"国际条约必须履行"的原则,我国政府应该履行上述国际法义务,在没有为居住在违章建筑中的公民提供最基本的住房保障之前,不能对之违章建筑进行拆除。

2. 域外法治经验的借鉴

在城市化进程的初级阶段,出现大量的违章建筑,这是一个无法避

---

① 我国违章建筑具有如下几个特点:(1)未取得建设工程规划许可证;(2)建筑材料大多简易低劣;(3)建设时间短、平、快;(4)随意性、反复性大。参见 http://www.govyi.com/gongwenxiezuo,最后访问时间为 2009 – 02 – 24。

第 6 章 我国公民消极住房权司法保障的完善

免的世界性难题。例如,新加坡在建国初期,当时 200 万人口中 80% 以上的住房困难,其中 40% 居住在贫民窟和棚户区。在我国香港地区,在 20 世纪 50 年代,由于大陆内战的原因,大量的逃难人员没有住所,只好在市区边缘和山边建造寮屋,所谓寮屋是指用木头、铁皮等在山坡上搭建的极其简陋的住房。新加坡的棚户区和香港的寮屋起初均为违章建筑。但是,基于公民生存权的保障,各国政府均在一定程度上对违章建筑予以默许。

违章建筑上所附加的住房权也日益得到司法机关的保障。例如,南非约翰内斯堡市从 2001 年以来就推行一个所谓"旧城复兴战略"。该复兴战略计划将 235 个"恶劣"的建筑进行拆除,因为这些地方被认为是堕落与犯罪的发源地。但是数以千计的贫困家庭居住在这些"恶劣的建筑"中,他们买不起商品房,也等不到社会住房。基于此,2006 年 3 月 9 日,南非约翰内斯堡市法院,判定市政府将居民从"恶劣的建筑"中驱逐出来的行为违反宪法。①

3. 以人为本执政理念的体现

在我国,由于城市化进程的加速,大量的农民工涌入城市,由于我国现行住房保障性制度的缺失,有相当一部分处于弱势群体的农民工,居住在私自搭建的违章建筑中,形成中国特色的棚户区。当然自然形成的棚户区确实有碍观瞻,往往成为政府强制拆除的对象。例如,在深圳宝安区上塘工业区龙塘社区旁的外来人口聚居地,2007 年 8 月 31 日,上塘工业区民治街道组织以点火燃烧的方式拆除了七八十户近千平方米的违章建筑,屋中的许多财产霎时间化为灰烬。② 居住在违章建筑的农民工要么返回农村,要么流浪街头。因此,从以人为本的执政理念出发,公民的生存权必要高于行政权。

另外,我国现行宪法并没有采取类似"公民的合法的私有财产不受侵犯"的表述方式,并规定"公民的合法的住宅不受侵犯",相反我国宪

---

① 佚名:《南非法官做出里程碑式的判决,支持城市贫困人口维护他们的适当住房权利》,http://www.cin.net.cn,最后访问时间为 2009 - 1 - 25。
② 《南方都市报》2007 年 9 月 1 日。

法规定的是"公民的住宅不受侵犯",因此,住房权并不强调所居住的建筑物的合法性,即使是违章建筑,只要公民一直居住于其中,它就成为公民的住宅,不容随意侵犯。

6.2 健全行政检查的司法审查机制

6.2.1 建立行政检查的事先司法审查机制

如果不加以严格的规制,行政检查会对公民的住房权造成严重的威胁。美国、日本等国家均通过宪法判例在行政检查中建立了令状主义原则,其目的在于以法官的事先审查,抑制执法机关过度行使强制检查手段,从而避免民众的住房权遭受不当侵害。

在美国,联邦行政法要求行政检察机关必须履行一定的行政检查程序:须由法院签发搜查令,检察机关不得擅自发动;搜查令的核发,须有相当理由,并且须要以宣示或代誓宣言确保;搜查令应详细记明检查对象、范围、内容及其范围。在令状为原则的基础上,美国联邦最高法院明确了如下几种例外情况:第一,经相对人同意。第二,紧急情况和实行合法的逮捕。例如,在火灾现场紧急救难检查及灾后40现场检查;有损害发生之时,为防止湮灭证据及人犯逃亡,认为有急迫必要的情形时,可以无须申请令状。第三,进入公众可以自由出入的营业地进行的检查,例如餐馆、戏院、商店的门市部[①]。第四,受政府严格管理的企业,所进行的定期性、常规检查。[②] 第五,依据政府社会福利政策实施给付,而对受

[①] "企业宅地如果是公众可以自由出入的营业地,例如餐馆、戏院、商店的门市部,检查人员当然可以和公众一样自由出入并观察,不需要有搜查证。"参见王名扬:《美国行政法》(上),中国法制出版社,1997年版,第334页。

[②] 法院认为法律规定应受政府严格管理的企业,例如出卖烈性酒和枪支的企业,法律可以规定合理的标准,允许不需要搜查证的检查。但是法院认为这种不需要搜查证的检查,只适用于受政府严格控制的企业。对于一般企业而言,行政机关进行检查必须具有搜查证。"参见王名扬:《美国行政法》(上),中国法制出版社,1997年版,第335页。

第6章 我国公民消极住房权司法保障的完善

给付者进行的检查。①

日本宪法第35条对令状原则予以明文规定。在"川琦民商事件"中,最高法院认为:宪法35条虽然主要针对将刑事强制处分纳入司法权之事前控制中,但不得因此将非刑事领域的强制检查行为,均排除于宪法35条之保障范围外。但若具备下列四个要件时,并不强求适用令状原则:第一,询问、检查程序非以追究刑事责任为目的;第二,取得资料证据当然不能用于刑事程序;第三,手段仅以间接强制为限,无行使实力行为;第四,询问、检查有达到行政目的高度必要性。相对于此,当行政检查程序限于刑事程序或有转移至刑事程序可能性的行政程序,则有令状原则适用。但在日本,大部分行政检查存在任意性,由于无强制力行使,也就不需要向法院申请令状。即使涉及强制力行使,若考量实施检查对民众合法权益所造成的侵害,如果并未构成严重威胁,或者由于具有严重紧迫性,则同样不严格要求令状核发。

我国法律上并没有类似于美国、日本的令状原则存在。目前在对行政检查权力的拘束方面,一般由上级机关对强制性检查行为进行审查,颁发或制作检查证件,持职务证明文件,作为行政检查程序的合法基础。为了保障公民的住房权,我国应当借鉴域外国家的经验,建立起行政检查的事先司法审查制度。其具体的设计方案是,由各级人民法院的行政庭负责行政检查令状的签发,行政机关欲要对公民的住房进行行政搜查,就必须向其所在地的基层人民法院申请搜查令状。申请书必须包括搜查的对象、范围、时间,并且还应提供相当的事实依据。

---

① 例如1971年Wyman V. James一案中,联邦地方法院宣告,将管理机关对领取福利补助金的人进行的家庭访问界定为检查形式之一,在未经同意,或没有基于相当理由,取得搜查令的情况下行使检查行为,是侵害受给付者宪法增修条文第4条及第14条之权利。但是最高法院却不认为本案到领取福利补助金的人的家里进行的家庭访问是属于宪法增修条文第4条所禁止的范围。因为管理机关工作人员到受给付者的家里进行访问,事实上在以社会复归为目标,同时亦带有检查性质,且社会民众接受这种旨在提高其家庭生活质量的福利行为时,就默认并接受了被访问的义务。在社会利益增进且并无排除违法、危害情形出现之可能的前提下,行政机关可依据"合理性"原则,自然获得实施与该福利授予相关的行政检查行为的权力,无须向法院申请搜查令。

6.2.2 完善行政检查的事后审查机制

1. 行政检查的可诉性分析

行政检查的可诉性是指行政检查是否属于行政诉讼的受案范围。对于行政检查是否具有可诉性,行政法学界存在三种观点,第一种观点认为行政检查是一种行政事实行为,也就是说行政检查不具有法律约束力,不产生相应的法律后果,因此行政检查不具有可诉性。第二种观点认为行政检查是一种依职权的单方具体行政行为,是一种独立的法律行为。行政检查是作出其他行政行为的一个不可或缺的环节,但并不依附于哪一个行政行为而存在。这种观点否定了行政检查行为的独立性,其也不具有可诉性。第三种观点认为行政检查是一种具有行政法律效力的具体行政行为,从行政检查的主体、职权、对象、内容四个方面的特征可以看出,行政检查完全符合具体行政行为的要件,行政检查当然会影响相对人的合法权益,产生相应的法律后果。按照此一观点,行政检查行为无疑应该纳入行政诉讼的受案范围。从人权保障的角度出发,将行政检查行为定性为具体行政行为是科学的。

首先,行政检查具有单方面性。由于行政检查以汇集材料、搜集证据和了解情况为目的,使行政检查不能对相对人的实体权利进行处分,往往使人们忽视行政检查对相对人权利的影响。其实,行政检查的实施主要是为相对人带来了如实陈述的义务,提供相关文书、资料或物品等协助义务。但行政检查行为并非一般的咨询了解行为,它具有强制力,可以对相对人产生相应的羁束力。这些义务虽然是程序性的,仍然对相对人构成一定的影响,有时甚至是较大的影响。行为的职权性及对特定行政相对人产生法律上的拘束力,决定了行政检查具有具体行政行为的属性。

其次,行政检查是一个运动过程,是行政活动过程中的一个环节。因而对行政检查性质的探讨,还应将其融于行政活动的动态发展之中,可以将其看做一种阶段性行政行为。但并不等于否认行政检查的相对独立性。一方面,行政检查作为其他一切行政行为的必经程序和处分基

第6章 我国公民消极住房权司法保障的完善

础,能引起行政行为的产生,从而对行政实体法律关系产生影响,体现了它的从属性。另一方面,行政检查具有相对独立性。行政主体可依据法律的规定直接启动行政检查,它的启动、过程、结束不需依托其他的任何行政行为。例如行政检查虽然与行政立法、行政许可、行政处罚等行政行为紧密联系,是其不可或缺的一个环节,但却不依赖于其而独立存在,即行政检查的行使与实施,可能引起行政处罚行为,也可能引起行政奖励行为,还可能其他任何行为都不引起,但均不影响其行为结果的产生。

第三,在某些情形下,行政检查行为对公民的权利义务产生直接的影响。例如,某市烟草专卖局根据消费者的投诉,对王某涉嫌经营非法卷烟的商店进行行政检查,但是并没有发现王某存在违法行为。在此一案件中,烟草专卖局的行为对公民的住宅权构成了直接的侵害。

2. 行政检查行政诉讼的类型

根据我国法律规定,因行政检查引起的住房行政争议,既可以申请行政复议,也可以直接提起行政诉讼。在行政诉讼中,针对不同的案件,当事人提起诉讼请求的类型有停止侵害之诉;违法确认之诉;行政赔偿之诉。

第一,停止侵害之诉。当行政主体的行政检查行为非法,并且影响到相对人的合法权益时,住房权人可以提起停止侵害之诉,要求法院判决行政主体停止正在进行的违法检查行为。

第二,违法确认之诉。行政主体违法对公民的住房进行行政检查,但并未对公民进行行政处罚。在此一案例类型中,住房权人可以提起违法确认之诉,要求法院确认该行政检查行为侵害了公民的住房权。

第三,行政赔偿之诉。如果行政检查行为给相对人造成人身、财产上的损害,相对人可以根据《中华人民共和国国家赔偿法》、《中华人民共和国行政诉讼法》向人民法院提起行政赔偿之诉。

3. 行政检查行政诉讼的审查原则

第一,合法性原则。所谓合法性原则指行政主体的检查活动必须符合法律的规定。合法行政性原则具体包括以下内容:(1)行政检查主体合法。行政检查主体,是指在行政管理过程中依法行使行政检查权的机关或组织。一个合法有效的行政检查行为,其首要条件就是行政检查的主体应当合法。如果行政检查的主体不合法,进行行政检查的主体必须有法律赋予的职权,或者是经过合法委托而拥有合法的检查权。其次,实施行政检查必须在行政检查主体法定职权范围之内。这是因为任何行政行为主体都有法律明确规定的职权范围,行政行为只有在行为主体的职权范围之内才是合法有效的。(2)行政检查手段合法。行政检查中采取的手段必须符合法律精神,不得违反法律法规的规定使用检查手段。(3)行政检查程序合法。行政检查作为一种特殊的行政行为,能够影响相对人合法权益。因而,对行政检查主体来讲,法律、法规明确规定的行政检查程序,则必须严格遵守。即使没有法律、法规的明确规定,也要遵守行政程序的一般规则。(4)行政检查目的合法。行政检查目的必须符合法律、法规的规定。①

第二,合理性原则。合理性原则的内容大体为如下几个方面:一是,行政机关搜查公民住房的目的必须具有正当性。首先,行政搜查住房不能违反社会公益,检查权力要以社会公益为立足点之一;其次,行政搜查住房不能基于非行政目的而擅自发动,例如,警察机关不能假借行政检查之名,行刑事搜查之实。二是,搜查住房的方法要具有适当性。亦即行政机关搜查公民的住房所采取的方法,必须有助于行政检查目的的达成。换言之,行政机关的搜查方法应符合行政检查目之达成,不得与之相悖离,否则便丧失合理性。三是,行政机关必须选择对公民住房权损害最小的搜查手段。亦即如果不搜查住房也能实现行政目的,就不能搜查公民的住房,如果必须搜查公民的住房,也应该选择对公民住房权损害最小的措施。四是,禁止过分的均衡性原则。即行政主体的行政检查行为对公民的住房权的干预不得超过其所追求的行政目的之价值,两者之间必须合比例或者相称。行政查均衡性原则在实践中具体应该注意以下几个问题:(1)行政检查不得对相对人的财物造成过度的损害,

---

① 参见胡建淼:《关于中国行政法上的合法性原则的探讨》,载《中国法学》1998年第1期。

不得损害相对方的人格尊严。(2)行政机关在行使检查权的过程中应当尽量少对相对方正常的工作、生活造成不必要的负担。① 行政机关对搜查公民住房得到的信息,应当保密,非经法定程序,不得泄露相对方的个人隐私和业秘密。② 如果相对人自愿协助配合行政检查,则行政机关所获得的信息不得用作任何与检察机关职权无关的用途。

6.3 健全刑事搜查的司法审查机制

6.3.1 刑事搜查类型的精细化

我国刑事诉讼法与相关司法解释所构建的有证搜查规定模糊,使得无证搜查获得了与有证搜查几乎同一的行使领域,从而使得无证搜查的范围得到了不应有的扩张,也为侦查人员滥用搜查权埋下了隐患。同时,无证搜查种类单一,我国当前立法所确立的无证搜查只是一种"附带搜查",并没有实质意义上的紧急搜查,至于其他无证搜查种类如同意搜查更无涉及,显然不利于我国侦查制度之完善。

1. 健全无证搜查的类型

第一,建立同意搜查。根据搜查是否出于被搜查者的意愿,无证搜查可以分为同意搜查和强行搜查。所谓同意搜查是指搜查人员本来应当申请搜查证对特定的犯罪嫌疑人身体、物品、住宅及犯罪嫌疑人以外的第三人的身体、物品、住宅进行搜查,但在经得被搜查人的自愿性同意后,而对公民的住房进行的搜查。同意搜查在西方发达国家是一种适用频率最高的搜查类型。例如,在美国有高达98%的无证搜查都是以同意搜查的方式进行的,在英国32%的搜查是经同意的搜查,而治安法官

---

① 例如,国家税务总局对税务机关在稽查中调取纳税人账簿进行检查的最长时限规定为三个月,实际工作中可能不需要三个月,但是有的工作人员就拖三个月,这实质上违反了合理性原则,但纳税人却无可奈何。

② 例如,1991 年 4 月四川省某卫生行政机关在查天府可乐的生产厂家后,致使其饮料配方这一商业秘密泄露出去,随即市场现大量同一口味的不同品牌的可乐,致使该企业遭受重大经济损失。

签发的有证搜查只占12%。① 由于我国法律并没有赋予警察在经当事人同意后进行无证搜查的权力,而往往导致警察执法时左右为难。② 为了弱化搜查的强制性,填补现行搜查制度的缺陷,我国应当建立同意搜查制度。在借鉴西方发达国家立法例的基础上,我国应在刑事搜查的立法中增加如下规定:"经犯罪嫌疑人或有权同意的第三人的事先同意,侦查人员可以进行无证搜查。同意搜查的,同意人应当在笔录中亲笔声明。在执行搜查前,侦查人员应当告知同意人有权拒绝无证搜查,并且不会因此承受不利的后果。"

第二,建立紧急搜查。紧急搜查是指在紧急情况下来不及向法院申请搜查令,而作为以发现犯罪嫌疑人、被告人或者可以作为犯罪证据或者依法应当没收的扣押物为目的,对犯罪嫌疑人、被告人或第三人的住宅、身体、物品等,使用强制手段实施搜索、搜查等强制处分的一种形式。③ 我国现行刑事诉讼法第111条规定:"在执行逮捕、拘留的时候,遇有紧急情况,不另用搜查证也可以进行搜查。"该法律条文虽然也出现了紧急搜查的字眼。但本质而言,其规定的是附带搜查。因此,我国现行刑事诉讼法缺乏紧急搜查的规定。我国应当全面借鉴美国的相关立法例,规定在下列情形下,侦查人员可以实施紧急搜查。(1)被害人、其他公民以及侦查人员的人身安全正在受到威胁或者具有受到威胁的现实危险性。这包括犯罪嫌疑人随身携带凶器、持有爆炸物以及持有放射性、毒害性等物品或者严重传染病病毒等向侦查人员及其他无辜公民实施攻击;或者虽未实施攻击,但处于车站、广场、商场、码头等人员集聚的场所,公共安全受到严重威胁或者存在受到严重威胁的危险;或者犯罪

---

① 皇甫长城、马凌:《浅论同意搜查制度》,载《人民检察》2005年第8期。
② 南京《现代快报》2005年4月17日曾报道这样一起案件:一失主在公交车上手机被盗,遂报警叫来警察,要求警察搜查车上每位乘客;而车上乘客除一人外也都愿意配合搜查;但民警却无奈地表示,由于失主不能体地指出嫌疑对象,按照法律规定,他们不能把每个乘客都当成嫌疑人,因此即使乘客愿意,他们也不能执行搜查。最终,这起失窃案不了了之。
③ 柯庆贤:《论修正之搜查与扣押(上)》,载[台湾]《法律评论》第六十七卷,第四至第六期合刊。

嫌疑人、罪犯正对他人进行挟持、绑架等。(2)有明显的迹象表明犯罪嫌疑人、罪犯正试图逃跑、自杀或者自伤、自残的。(3)有明显的迹象表明与犯罪有关的证据可能或者正在被隐匿移的。(4)正在被追捕过程中的犯罪嫌疑人、罪犯逃入私人住宅或者其他隐蔽场所,不实施紧急搜查有可能再次实施犯罪的。(5)在执行拘留或者逮捕过程中,私人住所或者公共场所可能隐匿其他犯罪嫌疑人的。①

第三,完善附带搜查。所谓附带搜查是指执法人员在拘留、逮捕犯罪嫌疑人或被告人时,基于保护执法人员及其他相关人员的安全和避免证据毁损或灭失的目的,虽无搜查证,也可搜查其身体、随身携带的物品、所使用的交通工具、住所或其他处所的制度。② 我国现行刑事诉讼法虽然规定了附带搜查制度但是很不完善,立法上的缺陷造成司法实践中的随意性和不确定性,因此,构建我国的刑事附带搜查制度刻不容缓。因此,在贯彻"尊重和保障人权"时代精神的基础上,吸收发达国家附带搜查制度的合理因素,我国刑事诉讼法应该进一步完善附带搜查制度。

针对我国现行附带搜查范围模糊,执法人员的自由裁量权过大的缺陷,我国应以明确附带搜查的范围为重心,以"保护执法人员及相关人员的安全"与"证据保全"为目的,以立即可控制为原则,同时兼顾犯罪嫌疑人、被告人的基本权利。亦即侦查人员在逮捕犯罪嫌疑人或被告时,对于该犯罪嫌疑人或被告立即可控制的范围,侦查人员均可以进行附带搜查。在搜查犯罪嫌疑人、被告人的住房时,附带搜查以被搜查人立即可控制的范围为限。如果在场的第三人有相当理由被合理怀疑为持有凶器,有危及执法人员及其他相关人员安全、毁灭证据的可能,执法人员也可对其进行附带搜查。为防止执法机关附带任意解释和侦查权的不断扩张,切实维护相关人员的人身和财产利益,我国刑事诉讼法应详细列举附带搜查的具体情形。附带搜查的具体情形包括:(1)可能随身携带凶器的;(2)可能隐藏爆炸、剧毒、放射性、急性传染病毒等危险物品

---

① 宋文国:《紧急搜查制度研究》,中国政法大学 2007 年硕士论文,第 28~29 页。
② 廖荣兴、吴先春:《论刑事附带搜查制度》,载《江西社会科学》2008 年第 8 期。

的;(3)可能隐匿、毁弃、转移犯罪证据的;(4)可能隐匿其他犯罪嫌疑人的;(5)其他突发性紧急情形。

2. 明确无证搜查的要件

在考察各国立法例的基础上,结合中国国情,我国所建构的无证搜查的共同构成要件应当有三:必要性要件、可能性要件、适度性要件。

第一,无证搜查的必要性要件。当然应满足"搜查的必要性"这一无证搜查和有证搜查应共同具备的要件。但除此以外,无证搜查还必须满足"没有必要或来不及申请搜查证"这一构成要件。"没有必要"可以看作无证搜查必要性的消极规定,包括被搜查人自愿性同意进行搜查和逮捕附带搜查两种情况。在这两种情况下,被搜查人的自愿性同意和逮捕的合法性,均赋予搜查行为的合法性,因此没有必要申请搜查证。"来不及申请搜查证"可以看作无证搜查必要性的积极规定,它是指搜查人员根据当时的情形判断,如果通过正常的申请搜查证程序进行有证搜查,显然会造成犯罪嫌疑人脱逃、犯罪证据毁灭的严重后果或犯罪行为持续进行的危害后果,为了及时阻止这样的严重后果和危害后果发生,不得已采取搜查措施。换言之,当时的情况已不允许搜查人员按照常规程序来申请搜查证,因为已来不及了。紧急搜查即属于这种情况。

第二,无证搜查的可能性要件。该要件是指搜查人员通过搜查"有较大的可能性查获犯罪嫌疑人和犯罪证据"。"较大的可能性"在形式上表现为搜查人员的主观判断,但在实质上应有一定的客观依据,并以此作为搜查人员主观判断的客观基础。没有任何客观依据、单凭搜查人员的主观臆测,即使经过被搜查人的自愿性同意,搜查人员进行无证搜查也是违法的。例如,搜查人员随意进入一住宅,"胆小怕事"的住宅主人,为证明自己清白,主动要求搜查人员对住宅进行搜查。这种无证搜查应属违法。从证据法的角度来看,"较大的可能性"实际上要求搜查人员实施搜查所依据的证据和线索应当达到一定的标准。这样的标准,对于任何一个精神健全、神智正常的人来说,都有可能产生犯罪嫌疑人和犯罪证据一定在特定搜查对象的确信。根据各国立法情况来看,公认的"较大可能性"有逮捕、追捕、搜查人员对犯罪行为的亲眼所见、有可靠来源的情报等四种情况。例如,搜查人员亲眼看见现行犯跑到一公民住宅里,显然符合无证搜查的可能性要件,搜查人员可以直接进入该公民住宅查获犯罪嫌疑人,并对犯罪嫌疑人能够触及的空间进行搜查。

第三,无证搜查的适度性要件。该要件是宪法比例原则在刑事诉讼领域的具体化。其内涵包括方法适度、对象适度和强制适度三个方面。所谓"方法适度"是指如果搜查人员能够通过命令让被搜查人员交出欲查获的犯罪嫌疑人或者犯罪证据,那么就应当实施命令这样一种非强制方法,避免强制运用搜查权力对公民正当权利可能带来的损害。所谓"对象适度"是指无证搜查应当限定于一定的范围和一定的对象,超出此范围和对象的其他部分,搜查人员所进行的无证搜查应当是非法搜查。无证搜查只能局限于如下范围:现行犯"立即控制"的空间、被追捕者的逃跑路线所触及空间和接触人员、被搜查者有权支配和管领的空间,可能藏匿犯罪嫌疑人的住所、可能藏匿犯罪证据的嫌疑人的身体。所谓"强制适度"是指搜查人员执行搜查运用强制力应当保持在能够使搜查顺利进行的最低限度。搜查人员的强制不能够对被搜查者的身体造成不必要的伤害,也不能够对被搜查者的住宅、所管领的财产、物品造成不必要的损害。

6.3.2 完善事先司法审查机制

西方国家对刑事搜查的事先审查主要体现为:以法官作为司法审查的主体,在英国是治安法官,在美国是司法官,法国是预审法官,德国是法官。在我国,作为一种重要的审前程序,搜查证的申请程序的最大缺失就是缺乏一个超然、中立的第三方的法律控制。针对搜查程序缺乏事先法律控制的现状,我国应在搜查程序中引入"中立性因素",建立搜查的司法审查机制,由作为中立第三方的法院来监督、控制搜查程序。这种架构是当前对搜查程序进行控制的比较好的模式,它无需对检察机关的定位作根本性的改革,而且仍然对检察机关法律监督机关的性质予以肯定,承认检察机关对公安机关的监督控制。引入法院作为中立的第三方,不仅能够对公安机关侦查案件的搜查进行监督控制,而且还可以对检察机关自侦刑事案件的搜查进行监督控制,避免了检察机关自我监督的理论悖反,也给公民权利增加了一道新的保护屏障,不至于使公民的实体权利在尚未进入实体审判阶段就被侵犯和剥夺。具体做法可以考虑引入侦查法官或预审法官制度。所谓侦查法官或预审法官,是指在侦查阶段,对侦查机关的强制性侦查措施进行审查决定的法官。根据我国的情况,目前有三种较为可行的方案:一是在人民法院内部增设预审法庭和预审法官,专门负责对搜查的审查批准;二是由人民法院内部现有的业务庭兼任预审职能,负责对搜查的审查批准;三是由人民法院的刑事审判庭的法官轮流、随机性地承担预审职能。但是,无论采取哪一种方案,都必须注意两个问题:一是诉讼职能的分离问题。为了防止控审不分造成法官先入为主形成预断,参加过预审的法官绝对不能再参与后面的庭审。二是预审专业化问题。虽然都属于审判职能,但是预审职能与庭审职能的内容并不完全相同,而带有自身的特点,这也要求在选任、配置预审法官时,应当注意选任那些对侦查程序的特点和要求比较了解和精通的法官来担任预审法官。[①]

6.3.3　建立事后审查制度

1. 建立合理的证据排除规则

法律的效力体现在它的强制性和责任机制,亦即违反法律将承担法律后果包括程序性后果。程序性法律后果的主要表现是证据的排除规则,即对违反宪法和诉讼程序的规定所取得的证据,因其违法而丧失证据效力,被排除于诉讼过程之外、不得作为定罪的根据加以采用。其目的在于保障程序的合法性、正当性,防止官员为采证而违反正当法律程序,侵犯公民的基本权利。确立排除规则是贯彻司法审查原则的必然要求和有力保障。

美国非法证据排除规则的适用对象非常宽泛,包括不自愿的供述和非法逮捕、搜查和扣押所取得的证据,当然也确立了若干例外规则。英

---

① 徐美君:《侦查权的司法审查制度研究》,载《法学论坛》2008年第5期。

国排除规则分为两者:一是自动排除,主要适用于口供;二是自由裁量的排除,适用于所有证据,而对于因一般的违法行为所获证据不一定排除。借鉴域外的经验,我国应建立合理的非法证据排除规则。其具体内容是,对于非法搜查、扣押所获得的证据,可区别一般违法和严重违法的不同情况决定:对于一般违法,可不予排除;对于严重违法,原则上应予排除,但也应结合所控罪行及其他相关因素综合权衡。对于适用排除法则的举证责任,刑诉法也应作出规定。①

2. 赋予公民针对非法搜查提起诉讼的权利

"公民权利的精髓在于公民受到侵害时,每个公民都有权请求法律保护。"因此,应当在我国《赔偿法》中规定,对于非法搜查,被搜查人可以请求刑事赔偿。另外,在《行政诉讼法》中允许被搜查人有权以其合法权利受到非法搜查的侵犯为由,向法院提起行政诉讼,以此来对抗非法搜查行为。

6.4 完善国家赔偿制度

消极住房权作为一项重要的宪法权利,理应受到国家的法律保护,当国家违法侵犯公民的消极住房权时,其理应承担赔偿责任。然而,作为国家赔偿方面的基本法律——《国家赔偿法》,并未将消极住房权纳入国家赔偿的范围。按照现行《国家赔偿法》的规定,除了财产权、生命健康权、人身权外,其他基本权利,如住宅权、人格尊严、受教育权、通信自由与通信秘密等,在受到国家机关及其工作人员违法行为的侵犯而遭受损害时,不能获得国家赔偿。因此,在现有法律体制下,住房权只能屈居于财产权的范畴,在特定的条件下,获得有限的国家赔偿。

虽然公民的住房权与财产权有重叠的部分,通过财产权的保障,消极住房权可以获得间接的保障。但是公民的住宅权的内涵远比财产权

---

① 林喜芬:《论非法证据的排除规则的宏观位阶》,载《安徽大学法律评论》2008 年第 1 期。

来得丰富,住房权保护的并不限于住房本身的价值,更重要的是它保护了住房空间内的财产、隐私等其他权利。如果消极住房权不能得到保障,其他基本权利就失去保障的载体,"皮之不存,毛将焉附"。因此,通过财产权保障住房权的直接方式,只能是现有法律不完善的情况下的无奈之举。从充分保障消极住房权的角度而言,完善《国家赔偿法》,将消极住房权纳入国家赔偿的范畴,乃是贯彻"人权保障"修宪精神的重要举措。下面就"实体问题的认定"、"举证责任的分配"、"赔偿标准"、"赔偿程序"等方面进行阐述。

6.4.1 建立非法侵入住房的认定标准

1. 非法侵入住房的方式

侵入住房的手段有二:行政检查、刑事搜查。由于行政检查属于行政行为,如果其违法造成公民权益的损害,属于行政赔偿的范围;而刑事搜查则属于司法行为,其违法造成公民权利损害,属于司法赔偿的范围。行政赔偿与司法赔偿两者在赔偿性质、赔偿标准、赔偿程序等各方面均存在较大区分。在司法实践中,必须对此两种手段进行辨别。

首先,从法律含义看,刑事搜查是指侦查人员依法对犯罪嫌疑人以及可能隐藏罪犯或者罪证的人的身体、物品、住处和其他有关地方进行搜寻、检查的一种侦查行为。行政检查是指行政主体基于法律授权,为了公共利益,依照法律法规对人、处所、物件所作出的访视查询、检察或检验等行为的总称。[①]

其次,从"搜查"与"检查"行为的方式和强度上看,"搜查"可以打开箱柜进行翻看、查找,具有较大的强度,而"检查"则仅限于对摆放于表面上的目标物进行查看、复制,不允许翻看、查找,这在强度上要明显弱于"搜查"。

再次,从"搜查权"的权力主体看,在我国,搜查权的主体是侦查人

---

① 沈军:《中国行政检查问题研究》,载罗豪才主编:《行政法论丛》(第8卷),法律出版社2005年版,第113页。

第 6 章 我国公民消极住房权司法保障的完善

员,包括公安机关、国家安全机关的侦查人员以及人民检察院自行侦查案件的侦查人员,并规定有严格的搜查程序。可见,搜查权是一项专属权力。行政执法人员不具有这一权力,也就是说,行政执法人员,无论在居民的住宅还是非住宅,都无权进行"搜查"。

另外,侵入住房的措施有二:物理侵入和虚拟侵入。所谓物理侵入是指执法机关进入住房所形成的空间而采取的刑事搜查与行政检查。所谓虚拟侵入是指执法人员不侵入住房所形成空间,而是通过现代科技手段了解居住者的相关信息,例如监听、监视等。

美国宪法第四修正案规定,人人具有确保其人身、住所、文件或财产安全,不受无理之搜查扣押之权利。在早期,美国联邦法院认为,第四修正案仅调整有形的物理性侵入(physical intrusion),而不涉及无形方式的窃听窥视。在 1928 年 Olmstead v. U. S. 一案中,警察在被告屋外装设窃听器材,但并没有侵入被告住宅的行为,因为美国联邦最高法院认为,电话窃听不构成宪法第四修正案意义上的搜查和扣押,而且联邦官员的窃听行为系在被告财产以外的电话线上装设分机,并没有物理上侵入被告的住所。对第四修正案的这种解读在 Silverman v. U. S. 一案中凸显了其不合理性,同样是侦查机关的窃听行为,却因为警察的窃听方式是将麦克风钉在了被告住所的墙上,而侦查机关所使用的窃听器材对被告住所的墙体发生了物理性的侵入,因此被认为构成物理上的侵入行为,而被认为违反了联邦宪法第四修正案,构成了非法搜查和扣押。上述情形在 1967 年 Katz v. U. S. 一案中发生了改变,美国联邦最高法院在该案判决中指出,联邦宪法第四修正案所欲保护的是人而非场所,是否为第四修正案的效力所及不能以是否发生了物理性的侵入来判断,而应以相对人的隐私之合理期待是否受到了侵犯为依据。因此,美国宪法第四修正案对于搜查扣押的判断标准从有形无形的侵入区分,转变为有无"合理的隐私期待"存在,从而将电讯监听等在虚拟空间内发生的搜集证据的行为也纳入了搜查扣押范畴之中。①例如,2001年6月11日美国最高法院就曾以5:4的微弱多数通过了克罗诉美国案,认定被告使用非大众所使用的方法探测个人住宅这种前所未有的侵入构成搜查,要求其具有搜查证。②

至今,大多数国家的刑事诉讼法所规定的场所搜查均包括物理侵入与虚拟侵入两种形式,都将对电讯等通讯的截听与对场所的搜查规定于同一章、同一节当中。例如,《德国刑事诉讼法典》就将"扣押、监视电信通讯、扫描侦查、使用技术手段、派遣秘密侦查员、搜查"规定在同一章中,《法国刑事诉讼法典》则在第三编第一章第三节"外勤、搜查、扣押和中断电讯交往"下附设一节"电讯的截留"。

我国应该借鉴域外的经验,突破传统的物理侵入的藩篱,而将现代的虚拟侵入方式纳入侵入住房的范畴,以求更加全面地保障公民的合法权益。

2. 判断非法侵入住房的法律依据

在我国,学术界对国家赔偿违法归责原则中的"违法"的理解一直存有争议。笔者认为,由于住宅权是受宪法保障的基本权利,属于广义人身自由的范畴,按照《宪法》和《立法法》的精神,对之进行限制必须遵循法律保留原则。也就是说,即使基于公共利益需要必须搜查或侵入公民的住宅,也必须取得全国人大及其常委会所制定的法律的授权,而非行政法规、地方性法规、规章的授权。因此,判断国家机关及其工作人员搜查和侵入公民住宅的行为是否合法,判断标准只能是宪法和狭义的法律,不能包括行政法规、地方性法规和行政规章、政府规章。

---

① 刘方权:《人身搜查和场所搜查的比较——域外法治的简单考察》,载《四川警官高等专科学校学报》2005年第3期。
② 该案的案情是:一名侦探怀疑克罗在家种植大麻,而种植大麻通常需要大灯照射增加室内的热量,为确定自己的怀疑是否正确,于是选择夜里3点在克罗房子对面的马路上使用210探测器对克罗房子所发射出的热量进行检测,发现克罗车库的屋顶和墙壁的散热明显比邻居的多,分析表明被告为种植大麻而使用了加热的灯,于是以克罗家使用的电费帐单和通过热量扫描得到的分析图像为证据向法官申请签发搜查证。参见 Kyllo v·United States, 533U·S·27 (2001).

6.4.2 举证责任的分配

侵犯公民消极住房权的国家赔偿有两种类型:一是行政赔偿;二是司法赔偿。所谓行政赔偿是指国家行政机关或者行政机关的工作人员,在行使职权时违法,侵犯了公民、法人或者其他组织的合法权益,并造成了损害,受害人依据《行政诉讼法》和《国家赔偿法》的规定申请和取得赔偿的制度。所谓司法赔偿是指行使侦查、检察、审判、监狱管理职权的机关及其工作人员违法行使职权造成他人损害,受害人有权依据《国家赔偿法》的规定申请和取得赔偿的制度。这两种赔偿的举证责任分配上存在较大的差别。

对于行政赔偿的举证责任,最高人民法院《关于执行〈中华人民共和国行政诉讼法〉若干问题的解释》第 32 条做了明确的规定,"原告在行政赔偿诉讼中对自己的主张承担举证责任。被告有权提供不予赔偿或者减少赔偿数额方面的证据。"根据上述规定,行政赔偿诉讼的举证责任可以根据以下原则进行分配:一是,有关损害事实的举证,由原告承担举证责任。例如其财产受到损害的,应当提供财产受损害具体状况的材料,其人身受到损害的,应当提供证明伤情的医院诊断证明书、处方或者医疗手册等。二是,被告承担证明行政行为合法性的责任,亦即被告行政机关应当证明它所作出的行政行为是合法的,是有法律根据的。三是,有关具体行政行为与损害事实之间的因果关系的举证责任由原告来承担。就是说,原告必须提供侵害人在何时何地实施了何种违法行为,以及这种违法行为确实是造成受害人损害结果的证明材料。如果是行政行为和其他原因一起造成了受害人的损害结果,行政机关应当承担举证责任,证明其行政行为和损害事实之间没有关系。

在司法赔偿中,赔偿请求人的举证责任有:一是,对违法司法行为造成的损害事实、损害结果提供证据;二是,合理说明违法的司法行为与损害结果的因果关系。赔偿义务机关的举证责任有:一是,提供证据证明免责事由;二是,提供证据证明违法的司法行为与损害结果之间不存在因果关系,如果举证不能,则赔偿请求人对违法司法行为与损害结果因果关系的合理说明成立;三是,提供证据否定赔偿请求人所主张的损害事实。

如此可见,根据现行的法律制度,不论是行政赔偿还是司法赔偿,消极住房权受到侵害的公民必须就其所受到的损害承担举证责任。这对保障公民的住房权极为不利。因为在住宅权受侵犯而受害人不在场的情况下,要求受害人就其受住宅权保护的各种权益遭受大多损害的事实承担举证责任,有点让公民"在干涸的油井攫取石油"的味道,不符合举证责任分配的自然法则。受害人对于遭受破坏或者不翼而飞的那些放置于住宅内的不愿意为人知的生活必需品,如金银首饰、现金、信件、电话号码本、读书笔记、尚未发表的书稿、照片等,常常存在举证不能的问题,受害人能够提供证据加以证明的,只是行政机关非法搜查或非法侵入其住宅的事实。基于此,在分配国家赔偿的举证责任时,应考虑国家赔偿的目的、性质、结构、当事人提供证据的可能性和必要性、行政程序中举证责任的分配、是否存在推定和司法认知等因素。① 因此,在国家赔偿中,一概要求原告对行政机关的加害行为是否存在、损害是否由加害行为造成承担举证责任的做法,在有的情形下并不符合举证责任分配的一般原理。而被告行政机关的举证能力则不同,因为只要行政机关严格按照法定权限和程序搜查或侵入公民住宅,就有能力提供证据证明其并没有给受害人造成上述损失的证据。为了有效抑制行政机关非法搜查和非法侵入公民住宅的冲动,保障公民受住宅权保护的各种私生活上的利益,在住宅权受侵犯的国家赔偿案件中,只要受害人提供了充分的证据证明行政机关的工作人员侵犯了其住房的事实,则举证责任就应转移到行政机关,由行政机关对受住宅权保护的各种权益没有遭受其侵害的事实承担举证责任。

6.4.3 惩罚性赔偿金的确定

总体看来,在国家赔偿标准上,目前世界各国大致奉行三种原则:抚

---

① 高家伟:《行政诉讼证据的理论与实践》,工商出版社1998年版,第76~85页。

慰性赔偿原则、补偿性赔偿原则和惩罚性赔偿原则。① 其中,抚慰性赔偿原则认为国家机关的性质和特征决定国家只能做象征性赔偿,赔偿数额限制在受害人所受的实际损失范围之内,往往以实际损失费用为上限。补偿性赔偿原则认为国家赔偿应当与受害人所受的实际损害相适应,赔偿数额应当弥补受害人全部损失。惩罚性赔偿原则认为赔偿数额应当具有惩罚性,除了能够弥补受害人损失之外,还应支付一定的费用作为侵害他人合法权益应承担的法律责任的惩罚。② 我国现行《国家赔偿法》颁布于1994年,在确立其赔偿标准时,考虑到我国当时的社会状况和财政负担能力,基本采用"抚慰性原则"。也因为如此,其经常被戏称为"国家不赔法"。

在西方发达国家,损害赔偿一般采取传统侵权赔偿的规则,即损害赔偿的目的是使受害人恢复到损害发生前的状态。但除了这种补偿性的赔偿外,还可能包括惩罚性的赔偿,是否给予惩罚性损害赔偿的决定性因素是侵权人实施侵权行为的动机(motive)。美国联邦最高法院在史密斯诉韦德案的判决中认为,如果行政侵权行为表现为邪恶的目的或意图,对他人受保护的权利表现出疏忽大意或无情的漠视,那么陪审团可以确定惩罚性赔偿。③ "惩罚性损害赔偿在侵权案件中可以判予,其目的并非赔偿原告,而是要表明法院对被告行为的反对。"④为保证损害赔偿对侵权行为人产生有效的威慑力,补偿受害人所花费的昂贵诉讼成本,鼓励维护公民基本权利的诉讼,将惩罚性损害赔偿适用于国家公务人员非法搜查和非法侵入公民住宅的案件,使受害人从国家获得实际损害赔偿金的同时,获得法院根据侵权行为的情节判处的由公务员个人承

---

① 目前世界各国国家赔偿大致奉行的此三种赔偿标准,在各种国家赔偿法教程中都有介绍。参见张正钊:《国家赔偿制度研究》,中国人民大学出版社1996年版;皮纯协、何寿生:《国家赔偿法释论》,中国法制出版社1994年版;马怀德:《国家赔偿理论与实务》,中国法制出版社1994年版。
② 张正钊:《国家赔偿制度研究》,中国人民大学出版社1996年版,第67页。
③ James A·Henderson, Richard N·pearson and John A·Siliciano·TheTorts Process New York: Aspen Law and Businss, 1999, P804
④ 韩世远:《违约损害赔偿研究》法律出版社,1999年版,第7页。

担的惩罚性损害赔偿金,是必要的。

在英国,1763 年 Huckle v. Money 案是最早关于惩罚性赔偿的案例,它也是国家赔偿的一个经典案例[①]。类似的案例还有 1763 年 Wilkes v. Wood 案,原告的房屋在一纸非法的普通令授权下被搜查而获得惩罚性赔偿。在 1984 年的乔治诉都市警务特派员一案中,政府官员强制进入民宅进行搜查并对被通缉的嫌疑犯的母亲的身体进行猛烈、突然的袭击。[②]对此,法院判处了惩罚性赔偿金。

当然,惩罚性赔偿金的适用范围是相当有限的,根据美国各州的实践,美者 Blatt 总结判定惩罚性赔偿的四类标准:一是,行为人处于恶意侵害原告,包括恶意程度较高的欺诈、滥用权力的行为和恶意程度相对较低的故意、可非难的心理状态;二是,行为人非基于恶意的,但须具备有意漠视他人权利、轻率和严重不负责任的心态;三是重大过失行为;四是,明文规定的情形。[③] 由此可见,惩罚性赔偿责任只有在行为人主观存在严重过错的情况下才可以适用。按照此一思路,在构建我国住房权的国家赔偿制度时,只有在国家机关及其工作人员故意或者重大过失的时候才需要承担惩罚性赔偿责任。惩罚性赔偿金的具体数额确定必须考虑诸多因素,归纳而言,应该考虑的因素包括如下几个方面:

第一,受害人的实际损失。关于受害人的实际损失的确定,学者们普遍认为,现行国家赔偿法确立的只赔直接损失的原则是不合理的,而且由于赔偿标准过低,赔偿金与受害人的实际损失相差甚远。按照法律规定,财产已经拍卖的,只赔偿拍卖所得。其原价值与拍卖所得之间的

[①] 在本案当中,当时的乔治政府要封闭《北布瑞报》报社,为了可以随时逮捕搜查,签发了不记名的逮捕证。并依此逮捕了本案的原告(该报社的一名印刷工人)。虽然在非法拘禁 6 个小时里,被告对原告无虐待,但是陪审团仍然认为应该适用惩罚性赔偿金,判决被告向原告赔偿 300 镑。被告上诉辩称原告的工资很少,而且只关押了 6 个小时,即使赔偿也不过十英镑。但法院认为,原告所受身体伤害虽小,也许不足 20 英镑,但是执行逮捕执行官行为是非常粗暴、直接的,是在人民头上滥用权力,侵害人民的人身自由,破坏英王国的自由神圣理念,因此驳回了被告的上诉请求。

[②] 张正钊:《国家赔偿制度研究》,中国人民大学出版社 1996 年版,第 218 页。

[③] 林聪富:《美国法上之惩罚性赔偿制度》,载《台大法学论丛》2002 年第 5 期,第 384 页。

第6章 我国公民消极住房权司法保障的完善

差距,成为受害人必须承担而又绝不愿意承担的损失。在我国现有的民事法律制度中,间接损失和精神损害赔偿都可以请求赔偿。无论是从国家赔偿制度产生的理论基础,还是为实现国家赔偿的目的,或是体现国家法律的规范性、一致性和权威性,国家赔偿的标准都应该与其他各项法律制度赔偿标准相一致,这也是依法治国的必然要求。所以应该将间接损失和精神损害纳入国家赔偿的范围。

第二,侵权人的过错程度及其侵权的具体情节。惩罚性赔偿金主要是为了惩罚行为人的主观恶意,只有在故意或者重大过失的时候才能适用,所以侵权人的过错程度是直接影响惩罚赔偿金数额的因素。过错是行为人在实施侵权行为时的主观心理状态,是直接故意、间接故意还是疏忽大意、过于自信,视行为人主观恶劣程度的不同来判定。侵权的具体情节不仅影响着受害人程度,同时也是行为人侵权时的主观心态的客观表现。情节恶劣的暴力、恣意的强占等行为是无视受害人权利的直接侵犯,一般可以推断是行为人的直接故意。

第三,赔偿义务机关和受害人所在地的经济状况。我国幅员辽阔,各地区经济发展水平和社会文化有着很大的差距,不可能制定全国统一的赔偿标准。在生活水平较高的地方,较低的赔偿金可能不能起到惩罚行为人和遏制同类事件发生的作用。而在生活水平较低的地方,较高的惩罚金背离公平和适当原则,可能会影响社会稳定。如果因国家赔偿而导致社会正义的偏颇,秩序的紊乱,这是与国家赔偿制度的初衷相违背的。所以,应该对具体问题具体分析,根据不同地方的实际情况,判定赔偿金额。

第四,国家当前的财政状况。虽然经济已经有了很大的发展,但我国依然是发展中国家,这是我国的基本国情,也是决定其他一切政策、制度所不可避免的因素。惩罚性赔偿制度发源于英美法国家,丰富的判例资源是值得借鉴的,但是这不表示我们要盲目地借鉴发达国家与我国客观情况不相符的判例。如果赔偿额过高,甚至直接影响国家机关的秩序,带来的负面效应将远远超过惩罚性赔偿金制度所能发挥的作用。

在住房权国家赔偿的案件中,往往遇到一些很棘手的问题。例如,对于住宅权人不在场的情况下,国家机关或其工作人员非法搜查、侵入或毁坏公民住宅,而受害人又无法提供证据证明实际损害大小时,将面临损害赔偿上的特殊难题。在这个问题,大陆法系国家采用推定损害赔偿的方式,英美法系国家则倾向于采用抽象价值赔偿的方式。

所谓推定损害的赔偿是指当受害人对可能发生但又难以证明的损害要求赔偿时,法院就根据经验规则来推定在通常情形下当事人所能受到的损害,并以此来决定国家赔偿的基准。在这种情况下,推定的损害可能大约接近受害人所遭受的损害,因而可用来弥补那些无法衡量的伤害。所谓抽象价值赔偿的方式是指根据某项宪法权利在政府制度中的重要性、在历史上的作用以及在公务活动中的意义等因素来确定该项权利的金钱价值并给予赔偿,那么,此种损害赔偿主要是用来赔偿受害人宪法权利的抽象价值损害,而非对那些能够提供证据证明的金钱损失予以赔偿。抽象价值赔偿方式完全脱离宪法权利受侵害后的实际损害来估计损害赔偿额,等于是根据权利的抽象价值来进行赔偿,因此,赔偿数额的随意性很大,但此一赔偿方式所体现的基本理念值得提倡。基于此点考量,我国在修改《国家赔偿法》,规定住宅权损害赔偿标准时,可考虑采取折中意见,借鉴《专利法》、《商标法》、《著作权法》关于"推定损害"赔偿的规定,按照侵权人的侵权所得予以赔偿;如果侵权人因侵权所得利益无法确定的,可根据侵权行为的情节,判决给予一定数额以下的弥补性赔偿和一定数额以下的惩罚性赔偿。例如,根据著作权法和商标法之规定,权利人的实际损失,或者侵权人的违法所得或因侵权所得的利益不能确定的,由人民法院根据侵权行为的情节,判决给予五万元以下的赔偿。①

---

① 肖泽晟:《论我国住宅权国家赔偿制度的构建》,载《国家行政学院学报》2007年第2期。

结　语

公民住房权的司法保障是一个宏大的课题,其丰富多彩的内涵非本书所能穷尽。所以本书的写作只是开启了学术研究的一扇窗户,随着一扇扇窗户的打开,明媚的法治阳光将充满整个房间,中国住房权司法保障一定会有一个灿烂的明天。

当然,本书在打开一扇窗户的同时,字里行间也有一些研究的死角始终挥之不去。首先是中国问题的意识。虽然在整个写作过程中,立足于本国国情,坚持中国特色的理念始终萦绕在作者的脑海,但由于种种原因,本书的某些地方仍存在着"洋装穿在身"的缺陷。其次,有些问题还有进一步深入的空间。例如,在非法建筑的司法保障问题上,对其保障的理论基础——生存权优位理论阐述得不是很到位,特别是在缺乏有限产权的"非法建筑"的司法保障上,相关制度设计不是很周延。本来,此是本书的亮点之一,但是由于相关论述不尽如人意,致使亮点不亮。以上两个缺点虽然不是致命的,但也是不可饶恕的,我会在今后的深入研究中将此一缺陷完全填补。

在本书的写作过程中,我深切体会到司法保障确实是至关重要的,但绝非是唯一的保障途径。其实,对于住房权来说,特别是积极住房权领域,保障的关键不在于司法保障,而是取决于政府的执政理念。在"以人为本"的执政理论的指导下,自2008年以来,我国加大了公民保障性住房的资金投入力度。在三年的时间内,新增加200万套廉租房、400万套经济适用房,并完成100多万户林业、农垦和矿区的棚户区改造工程,总投资将达到9000多亿元,平均每年3000亿元。其中,对廉租房投资

2150亿;棚户区改造投资1015亿元;经济适用房投资6000亿元。[①] 另外,在当今中国,侵犯公民积极住房权的重灾区并非来自法律、法规与规章,而是所谓的"红头文件",亦即规范性文件。在我国现有政治体制与法律体制下,规范性文件的合法性审查,乃至合宪性审查并非通过违宪审查的途径,而是通过规范性文件的备案审查与申请审查的方式来进行的。例如,《湖南省行政程序规定》第53条规定:"公民、法人或者其他组织认为规范性文件违法的,可以向有关人民政府法制部门提出审查申请。接到申请的政府法制部门应当受理,并在收到申请之日起30日内作出处理,并将处理结果书面告知申请人。"湖南省法制办自2008年10月以来,就撤销或废止了多部违法的行政规范性文件。由此可见,规范性文件的合法性审查虽然不是司法途径,但却是保障公民积极住房权的一条有效途径。因此,为了保障公民的住房权,除了研究司法保障制度外,还应关注现实存在且行之有效的其他保障途径,唯有如此,才能在研究中做到"不偏不倚"、"全面而深刻"。

[①] 建设部:《9000亿的住房保障投资计划快速启动》,参见http://www.acs.gov.cn/cms/www,最后访问时间为2008-10-02。

致　谢

　　冬日的阳光和煦而温暖,正配合了我此刻的的心情。在此书付梓出版之时,曾经历的种种焦灼、困顿、烦思、静默,以及得到的指导、鼓励、帮助和关怀都汇成一股温热的细流,滋滋密密,温润入髓。

　　七年前我报考了胡肖华院长的博士,他学识渊博、仁厚豁达、亦庄亦谐,往往只言片语就带给我新的感悟。我的论文从选题、初稿到定稿自始至终都倾注着他无私的心血,而他学术的客观严谨、态度的积极乐观、思想的开阔精深,都激励着我在科研和教学的道路上不断开拓进取。

　　我论文的顺利完成还要感谢湘潭大学法学院的廖永安、黄明儒、李蓉、何文燕、李交发等教授的帮助,在开题、中期考核、预答辩等许多场合他们都给予我启迪思路的建议和指导;也离不开我的师兄欧爱民、尹华容的指点帮助,刘丽、倪洪涛、刘友华老师真诚的切磋与交流,以及陈文曲、胡军辉等同学的和睦友爱,还有黄德华、罗伟清老师在我跑读期间对我的关怀,为我提供学习和住宿的方便;杨恢先、陶霞老师对我在读博期间诸多问题上的帮助和支持。

　　当然,同时也要感谢始终支持我的先生。他年长我几岁,似良师益友,往往是我论文构思交流的第一个对象,也是我困顿时忠实的"牢骚"对象,在我整个学习过程中给我鼓励,为我打气。

　　还有我的妈妈,虽年届七旬,除了照顾我的饮食,还默默的为我加油,时常提醒我注意身体,生怕什么琐事影响了我的思路和状态。

　　对他们的感谢用语言不足以表达,最后谨以此书献给这些、并不仅限于这些我爱的和爱我的人们,他们的温暖鼓励着我,并伴我继续前行!

杜　芳
2012 年 11 月

参考文献

一、著作类

[1] 金俭. 中国住宅法研究. 法律出版社,2004.

[2] 苏景文. 住宅法概念. 华中师范大学出版社,1994.

[3] 张跃庆. 城市住宅管理概念. 北京经济学院出版社,1989.

[4] 杜建人. 日本城市研究. 上海交通大学出版社,1996.

[5] 张元端. 中国人居环境——从理论到实践的思考. 中国建筑工业出版社,2008.

[6] 胡肖华. 宪法学. 湖南人民出版社,2005.

[7] 王利明. 物权法论. 中国政法大学出版社,2003.

[8] 周枏. 罗马法原论. 商务印书馆,1994.

[9] 艾德. 经济、社会和文化的权利. 黄列译. 中国社会科学出版社,2003.

[10] 徐显明. 人权研究(第七卷). 山东人民出版社,2008.

[11] 欧爱民. 宪法实践的技术路径研究——以违宪审查为中心. 法律出版社,2007.

[12] 辅仁大学社会文化研究中心. 人权链环:经济、社会及文化权. 2005.

[13] 景天魁. 基础整合的社会保障体系. 华夏出版社,2001.

[14] 陈伯庚. 城镇住房制度改革的理论与实践. 上海人民出版社,2003.

[15] 周叶中. 宪法. 高等教育出版社,2005.

[16] 贵立义. 宪法学. 东北财政经济出版社,2001.

[17]韩大元.中国宪法事例研究(第1册).法律出版社,2005.

[18]高家伟.行政诉讼证据的理论与实践.工商出版社,1998.

[19]马怀德.行政诉讼原理.法律出版社,2003.

[20]孙笑侠.法律对行政的控制——现代行政法的法律解释.山东人民出版社,1999.

[21]张正钊.国家赔偿制度研究.中国人民大学出版社,1996.

[22]韩世远.违约损害赔偿研究.法律出版社,1999.

[23]卞建林.美国联邦刑事诉讼规则.中国政法大学出版社,1996.

[24]德国刑事诉讼法典.李昌珂译.中国政法大学出版社,1995.

[25][日]田口守一.刑事诉讼法.刘迪等译.法律出版社,2000.

[26][美]伟恩·R.拉费弗等著.刑事诉讼法.卞建林等译.中国政法大学出版社,2003.

[27]余凌云.行政权力的规范与救济.中国人民公安大学出版社,2002.

[28]日本刑事诉讼法.宋英辉译.中国政法大学出版社,1999.

[29]英国刑事诉讼法.中国政法大学刑事法律研究中心编译.中国政法大学出版社,2001.

[30][日]田口守一.刑事诉讼法.刘迪等译.法律出版社,1998.

[31]法国刑事诉讼法.余叔通,谢朝华译.中国政法大学出版社,1996.

[32]德国刑事诉讼法.李昌珂译.中国政法大学出版社,1995.

[33]李心鉴.刑事诉讼构造论.中国政法大学出版社,1992.

[34]王以真.外国刑事诉讼法学.北京大学出版社,1994.

[35]陈光中.中国刑事诉讼程序研究.法律出版社,1993.

[36]程味秋.外国刑事诉讼法概论.中国政法大学出版社,1994.

[37][日]大须贺明.生存权论.林浩译.法律出版社,2001.

二、论文类

[1]余南平.俄罗斯住房政策与住房市场的现状和未来.俄罗斯研究.2006(1).

[2] 余南平、凌维慈. 试论住宅权保障——从中国当前的住宅问题出发. 社会科学战线. 2008(3).

[3] 王兆鹏. 经同意之搜索. 法学丛刊(176).

[4] 郭玉坤. 中国城镇住房保障制度研究. 西南财经大学2006博士论文.

[5] 孙晓臣. 论公民住宅权. 山东大学2007年硕士学位论文.

[6] 唐城. 行政检查性质及其法律控制研究. 苏州大学2005年硕士论文.

[7] 杨福忠. 从南非格鲁特姆案看积极权利对立法者的义务. 山东社会科学. 2008(1).

[8] 王富博. 居住权适用范围初探——兼评物权法草案的相关规定. 法律适用. 2006(1).

[9] 钱明星. 关于在我国物权法中设置居住权的几个问题. 中国法学. 2001(5).

[10] 邓阅春. 居住权的源流及立法借鉴意义. 现代法学. 2004(6).

[11] 张群. 住宅权及其立法文献. 法律文献信息与研究. 2008(1).

[12] 黄莹、王厚伟. 生存权优于债权评最高人民法院关于人民法院执行设定抵押的房屋的规定. 法学评论. 2006(4).

[13] 王厚伟. 论生存权的保障不应以牺牲债权为代价——对〈关于人民法院民事执行中查封、扣押、冻结财产的规定〉第6条的质疑. 广西政法管理干部学院学报. 2005(5).

[14] 林聪富. 美国法上之惩罚性赔偿制度. 台大法学论丛. 2002(5).

[15] 黄金荣. 司法保障经济和社会权利的可能性和限度——南非宪法法院格鲁特布母案评析. 环球法律评论. 2006(1).

[16] 刘淑媛. 人权视角下的适足住房权. 湖北财经高等专科学校学报. 2006(6).

[17] 吴必康. 英国住房问题及其化解之道. 中国与世界观察. 2007(6).

［18］张庭伟. 美国住房政策的演变及借鉴. 海外房地产政策导报. 2001(7).

［19］张庭伟. 实现小康后的住宅发展问题——从美国60年来住房政策的演变看中国的住房发展. 城市规划. 2000(4).

［20］欧爱民. 立宪主义语境下对我国宪法权利属性的考问. 法学评论. 2006(2).

［21］林来梵. 卧室里的宪法权利——简评"延安黄碟案". 法学家. 2003(3).

［22］肖泽晟. 论我国住宅权国家赔偿制度的构建. 国家行政学院学报. 2007(2).

［23］刘海鸥. 论美国联邦最高法院对美国警察搜查权的调控——以非法证据排除规则演变为视角. 北京人民警察学院学报. 2007(44).

［24］胡建淼、钱建华. 行政明确性原则初探. 江海学刊. 2004(5).

［25］皇甫长城、马凌. 浅论同意搜查制度. 人民检察. 2005(8).

［26］杨建顺. 公共选择理论与司法权的界限. 法学论坛. 2003(3).

［27］黄刚. 违法建筑之上存在权利吗. 法律适用. 2005(9).

［28］李阎岩. 城市房屋拆迁中公共利益的界定. 辽宁行政学院学报. 2009(2).

［29］城仲模. 行政法之基础理论. 三民书局股份有限公司. 1980(41).

［30］叶俊荣. 论比例原则与行政裁量. 宪政时代. 1986(3).

［31］徐祥民、秦奥蕾. 政体与法治？重读亚里士多德. 山东社会科学. 2001(5).

［32］屠振宇. "群租"整治令与宪法隐私权. 山东社会科学. 2008(4).

［33］林钰雄. 违法搜索与证据禁止. 台大法学论丛. 第28卷(2).

［34］柯庆贤. 论修正之搜索及扣押. 法学评论. 第67卷(4-6).

三、外文资料

［1］United Nations Housing Rights Programm Report No 1, Housing

Rights Legislation, Nairobi, 2002.

[2] UN – Habitat, Global Report on Human Settlements 2003, Earthscan publications, 2003.

[3] J. R Abney(ed), The Vestry Minutes of the Churchwardens of the church of the Marys, 1912, P65.

[4] CESER, concluding observations on Nigeria, UN DOC. E\C. 12\1\ Add. 23at para. 42(13May 1998).

[5] Frank1 Mihlman, TheSuprem Court, 1968Term-Foreword : on P protecting the poor Through the Fourth Amendment, 83 Harv L. Rev. 7 (1969).

[6] P. L. Mehta and NeenaVerma, human rights under Indian constitution, New Delhi DeeP&DeePPublieations PVT. Ltd (1999).

[7] OConnor, F, and Liverpool: oir city, our Heritage, Liverpool: Printfine, 1990.

[8] Ladies and Legates: Housing planning policy, 2002.

[9] Third World Network, Provision of public housing in Singapore.

[10] Belinda Yuen, Squatters no more: Singapore Social Housing, Global Urban Development, Volume 3 Issue 1, and May 2007.

[11] Wong, Aline K. and Yeh, Stephen H. K. (Eds.), (1985) Housing a Nation-25 Years of Public Housing in Singapore, Housing and Development Board.

[12] Tan, Augustine H. H. and Phang ock – Yong, (1991) The Singapore Experience in Public Housing, Times Academic Press for the Centre for Advanced Studies, Singapore.

[13] Shanti Star Builders v. Naryan Khimali Tatome et al(1) SC106, Civil Appeal No. 2598 of 1989(1990).

[14] John F O'Connell Remedies in a Nutshell [M] St Paul, Minn : WestPublishing Co, 1985, P221.

[15] James A Henderson, Richard N pearson and John A Siliciano TheTorts Process [M] New York: Aspen Law and Businss, 1999, P804、P809 –

810.

[16] James A Henderson, Richard N pearson and John A Siliciano The Torts Process New York: Aspen Law and Businss, 1999, P804.

四、主要参考案例

[1] 267 U. S. 498,503(1925).

[2] Smith v. United States, 508 U. S. 223 (1993).

[3] Preston v. U. S, 376U. S364 (1964).

[4] Preston v. U. S, 376U. S364 (1964).

[5] Chimel v. California, 395 U. S. 752 (1969).

[6] Vale v. Louisiana, 399 US 30 (1970).

[7] United States v. Ramirez, 523 U. S. 65 (1998).

[8] Olga Tellis v. Bombay Municipal Corporation (3) SCC545 (1985).

[9] Kyllo v United States, 533U·S·27 (2001).